DIESE BEWEISE FORDERN

IHR URTEIL

JESUS ODER MOHAMMED – WER IST DER GRÖSSTE PROPHET?

Dr. Anthony Powell

Der Autor

Lernen Sie Anthony Powell kennen

Dr. Anthony Powell ist Motivationsredner, Dozent für Theologie und persönliche Entwicklung und Führung. Sein einzigartiger Stil inspiriert andere, sich zu einer effektiven Führungskraft auf dem Markt zu entwickeln. Seine Erkenntnisse zum Reich Gottes auf Erden rüstet Gläubige und Nichtgläubige, ihre Berufung zu finden und zu entwickeln. Mit seiner Lehre unterstützt er Kirchen, effektiv in ihrer Gemeinschaft und der Welt zu wirken.

Anthony Powell promovierte in Theologie und Seelsorge an der "North American School of Theology" in Florida. Er war Dekan am "Shiloh Bible Institute" in London und diente im PasThoralteam des „Glory House London", wo für Kirchenwachstum zuständig war.

Widmung

Ich möchte den Personen danken, die mir beim Lesen und Bearbeiten dieses Buches geholfen haben:

Brigit Koch: Übersetzung und Gestaltung des Buches.

Simon Cryer: Stellungnahme zum englischen Original.

Ich danke jenen Autoren und Theologen, die in der Bibliographie erwähnt sind. Sie gaben mir im Laufe der Jahre Einblicke in diese beiden Propheten.
Vor allem danke ich dem Herrn, dem Allmächtigen, dass mir die Kraft gab, dieses Buch zu vollenden. Ihm sei die Herrlichkeit und das Lob.

Vorwort

Dieses Buch wird im Geiste der Demut, Ehrlichkeit und mit aufrichtigem Gebet präsentiert, möge es ein Segen für jeden Leser sein. Möge der Geist der Weisheit, Offenbarung und Erkenntnis auf den Lesern ruhen, damit die Wahrheit, die darin geschrieben ist, vollständig verständlich sei.

Um den vollen Nutzen aus den in diesem Buch dargelegten Inhalten zu schöpfen und klare Einblicke in diese beiden Propheten zu erhalten, sollte der Leser aufgeschlossen sein.

Möge es nicht nur eine weitere Sammlung von Informationen sein. Es ist mein Wunsch, dass dieses Buch Leser zu weiteren Forschungen über diese Propheten inspiriert.

Dr. Anthony Powell

Inhalt

Einleitung

A. Die Eröffnungserklärung

Die Bibel und der Heilige Koran sind ohne Frage zwei der einflussreichsten Bücher, die je geschrieben wurden. Ihr Einfluss auf das Christentum und den Islam, die beiden grössten Religionen der Welt, ist unwiderlegbar. Zwar gibt es einige Ähnlichkeiten, aber zwischen den beiden wegweisenden Texten besteht eine grosse Kluft. Die meisten Christen erkennen, wie wenig sie darüber wissen, was Mohammed getan und gelehrt hat. Muslime glauben, dass sie verstehen, wer Jesus war und was er lehrte, aber ihre Überzeugungen stehen teilweise im Widerspruch zu den Lehren der Bibel und überraschenderweise sogar zu denjenigen des Korans. In dieser Studie geht es nicht darum, wer ein Prophet ist und wer nicht, wer ein wahrer Prophet ist oder wer nicht. Es geht darum, wer der grösste Prophet ist.

Diese Studie soll ein wahres Bild der Bibel und des Korans und somit der beiden Propheten Mohammed und Jesus vermitteln. Ziel dieser Studie ist es, den Lesern, ob Muslim und Christ oder anderer Konfession angehörig, bei der Entscheidung zu helfen, welches der beiden zentralen Bücher tatsächlich zuverlässig ist, und die Frage zu beantworten: Wer ist der grösste Prophet - Mohammed oder Jesus?

Es ist nicht die Absicht, Muslime oder Christen schlecht darzustellen. Die Wahrheit braucht keine Verteidigung. Die meisten Muslime und Christen sind wunderbare, freundliche, grosszügige und aufrichtige Menschen. Ich bitte die Muslime und Christen, die Quelle und Beweise zu untersuchen, um sich ein Bild der Erkenntnisse zu machen. Diese Studie soll Ihnen helfen, den Islam und das Christentum zu verstehen. Kommen Sie auf eine

Reise zu den ursprünglichen Quellen mit! Suchen Sie die Beweislast und entscheiden Sie, welcher dieser Propheten der grösste ist. Es kann schwierig sein, den Islam durch die Handlungen der Muslime und die Kirche Jesu durch die Handlungen der Christen zu verstehen. Sie müssen zu den ursprünglichen Quellen gehen.

Die wichtigsten Quellen, um Zeugnisse und Beweise über Mohammed zu finden, stammen aus der islamischen Geschichte, Biographien von Mohammed, Studien von islamischen Professoren und dem Heiligen Koran. Die wichtigsten Quellen über Jesus sind Theologen, biblische Gelehrte, die Bibel und der Koran. Deshalb ist der Zweck dieser Studie, ein Leitfaden für die Quellen zu sein, so dass Sie diese beiden Männer persönlich treffen können.

Die Studie vor Ihnen ist apologetisch. Apologetik ist ein Zweig der christlichen Theologie, der das Argument für die Authentizität der christlichen Botschaft darlegt. Tatsächlich braucht die Wahrheit keinen Anwalt. Im Prozess der Proklamation des Evangelismus ist es jedoch notwendig, immer bereit zu sein, jedem Menschen eine Antwort zu geben, wenn er die Hoffnung der Christen verstehen will. Der Apostel Paulus, ein Mann, der zu Füssen Gamalels studierte und im hebräischen Gesetz ausgebildet war (**Apg 22,3**), spiegelte diese Bereitschaft wider, als er schrieb: " Sie handeln aus Liebe zu mir, weil sie wissen, dass ich im Gefängnis bin, um für die rettende Botschaft einzutreten." (griechisch apologia)" (**Phil. 1:16**)

Nun für ein Wort zum Titel dieser Fallstudie: "Diese Beweise erfordern ein Urteil." Drei der Weltreligionen greifen auf den Patriarchen Abraham als ihr Gründungsoberhaupt zurück, nämlich das Judentum, das Christentum und den Islam. Die Muslime glauben, dass Gott immer prophetische Boten oder Führer gesandt hat, um seinen Willen der Menschheit zu verkünden. Jeder Bote wurde zu seinem eigenen Volk geschickt. Von den achtundzwanzig Propheten, die im Koran erwähnt werden, stammen achtzehn aus dem Alten Testament und drei aus dem Neuen Testament. Es wird von den Muslimen behauptet, dass Mosess mit der Thora zu seinem Volk gesandt wurde und Jesus mit dem Evangelium zu seinem. Mohammed wurde jedoch als letzter und grösster Prophet in die ganze Welt gesandt, und der Koran wurde als ultimative Offenbarung gegeben, die alle vorherigen Offenbarungen ablöst.

Chronologisch erschien der Islam etwa fünfhundert Jahre nach dem Christentum (622 n. Chr.). Die Muslime erheben Einwände gegen diese Datierung, da der Islam eine Lebensweise sei und nicht nur eine Religion und somit schon lange vor dem Christentum existiert habe, eigentlich seit der Zeit Noahs. Einige machen sogar den Anspruch geltend, das Universum sei islamisch, da sich die gesamte Schöpfung mit Ausnahme des Menschen den Dekreten (ewiger Zweck und Wille Allahs/Gottes) unterwerfe. Darüber hinaus wird der Koran von den Muslimen als das Wort Gottes angesehen, somit ist er nicht erst mit dem Propheten Mohammed angekommen, sondern ist als Botschaft Gottes im Wesentlichen ewig.

Aus islamischer Sicht wird der Islam als eine Wiederbelebung der Religion von Vater Abraham betrachtet, der Götter nicht mit Gott (polytheistisch) assoziierte, sondern sich dem Willen Gottes unterwarf.[1]

In Kapitel vier werden wir Abrahams angebliche islamische Unterwerfung unter Gott betrachten, daher der Untertitel, der

---

[1] Mohammed M. Pickthal. "The Meaning of the Glorious Koran", Vorwort des Übersetzers Fussnote 6066. Hierin macht er Abraham im Wesentlichen zum Muslim.

"Islam Abrahams". Der Satz ist jedoch von Haqqs *Sharing your faith with a Muslim*" entlehnt.

Diese Studie will weder einen historischen Prolog des Islam noch einen Kommentar zu den wesentlichen Kulturen oder der Struktur der Religion abgeben, sondern es soll eine Beweisführung basierend auf spezifischen Details zu Mohammed erfolgen, um Fragen, die im Dialog mit Muslimen auftauchen, zu klären und den Lesern zu erlauben, ein eigenes Urteil zu fällen.

Es gibt vier einleitende, kritische Bereiche dieser Studie, die immer wieder Diskussionen ausgelöst haben, die dieser Autor mit einer Reihe von Muslimen geführt hat.

B.   Erste Stellungnahme aus muslimischer Sicht

Die gegenwärtige Bibel gilt als korrupt und kontaminiert. Es gibt zu viele Versionen, Widersprüche, Übertragungsfehler in der Bibel, als dass es das Wort Gottes wäre. Bevorzugt wird das Buch mit dem Titel "Evangelium von Barnabas".

Juden und Christen sollten nicht über Abraham streiten, da sie Anspruch auf ihn erheben können, da er weder Jude noch Christ war. Abraham war derjenige, der sich dem Willen Gottes unterwarf und ihn daher zum Muslim machte. Das war die Religion von Noah, Abraham, Moses und Jesus. Die Mission des Propheten Mohammed war es, die Religion Abrahams in der Welt wiederherzustellen.

Ismael, nicht Isaak, sei der Sohn der Verheissung gewesen und habe daher alle materiellen und geistlichen Segnungen Abrahams mit den Nachkommen Ismaels und nicht mit den Nachkommen Isaaks verbunden.

Die Geistlichkeit Jesu gelte nur dem jüdischen Volk. Die Christen hätten nie das Gebot erhalten, der Welt zu predigen. Das Christentum sei keine missionarische Religion. Der Islam sei jedoch eine missionarische Religion und die Botschaft des Propheten Mohammed gelte für alle Nationen.

Um diese wichtigen Aussagen zu beantworten, greift der Autor auf Zitate aus dem Koran zurück, und zwar die Übersetzung Mohammed Marmaduke Pickthals.[2] Historische Zeugnisse stammen aus der islamischen Geschichte, Biographien von Mohammed, dem Koran und der Bibel.

Die Studie gliedert sich in mehrere Abschnitte und Unterabschnitte, um Argumente zu getrennten Themen auf logische und sequenzielle Weise zu erleichtern. Die für diese Studie relevanten Zeugnisse werden von der islamischen Gemeinschaft des Vereinigten Königreichs, Europas, der Karibik und der westlichen Welt vorgelegt, und vor allem werden einige islamische Gelehrte in Ägypten zitiert, wo sie Einfluss auf die Frage dieser Studie haben.

C. Erste Stellungnahme aus christlicher Sicht

Die Bibel wurde von einer Reihe von verschiedenen Autoren geschrieben und wir wissen, dass Menschen Geschichten aus allen möglichen Gründen verschönern oder ändern. Warum sollten wir also glauben, dass es das Wort Gottes an die Menschheit ist? Die islamische Religion behauptet, dass der Koran, der angeblich vom Engel Gabriel dem Propheten

---

[2] In der deutschen Übersetzung wird die Übersetzung auf http://islam.de/13822 verwendet.

Mohammed ab 610 n. Chr. offenbart wurde, das inspirierte und unfehlbare Wort Gottes sei. Eine solche Behauptung ist jedoch höchst problematisch, wie sich zeigen wird.

1. Die Bibel ist erfüllte Prophezeiung. Eines der interessantesten Dinge der Bibel sind die Vorhersagen im Alten Testament und wie sie sich auf die Ereignisse des Lebens Jesu im Neuen Testament beziehen. In **Jesaja 53** heisst es im Text, dass die Sünden des Volkes von einem unschuldigen Menschen getragen werden. Wir haben Abschriften, die vor Jesu Geburt geschrieben wurden; somit wissen wir, dass die Prophezeiung vor seinem Leben existierte und die Bedeutung nicht geändert wurde. Die Prophezeiung sagt voraus, was mit Jesus geschehen ist, und erklärt, warum er gestorben ist, damit die Menschheit trotz ihrer Sünden und Fehler für gerecht erklärt werden konnte.

2. Die Bibel ist zuverlässig. Einige fragen sich vielleicht, wie wir wissen, dass es eine genaue und vertrauenswürdige Niederschrift sei. Wenn man die Bibel und den Koran liest, erkennt man offensichtliche Unterschiede.

3. Es gibt viele vernünftige Argumente in dieser Studie, dass die Bibel den genauesten historischen Bericht über das Leben Jesu abgibt.

4. Es gibt mehrere Beweise, die die Vertrauenswürdigkeit der Bibel unterstützen. In unserer Untersuchung werden wir unsere Argumente für die Bibel mit Beweisen aus den folgenden Kategorien beginnen: Historische und literarische Fakten, Augenzeugen und bestätigende nicht-christliche

Berichte, physische Beweise aus Artefakten, Beweise von geografisch bestätigten Orten und aufgedeckte historische Aufzeichnungen von Menschen, Orten und Ereignissen, die die Bibel bestätigen.

KAPITEL EINS - WAS CHRISTEN ÜBER MUSLIME WISSEN SOLLTEN

A. Was ist der Islam?

Das Wort Islam bedeutet "Unterwerfung", "oder "Kapitulation" vor dem Willen Allahs. Etymologisch stammt es von "Salam", einem arabischen Wort, das wörtlich "Friede sei mit dir" bedeutet. Es ist ein religiöser Gruss unter der muslimischen Gemeinschaft. Der Gruss wird routinemässig eingesetzt, wenn Muslime sich versammeln und interagieren, ob privat oder im Gottesdienst.

Für Muslime ist der Islam keine neue Religion, sondern dieselbe Wahrheit, die Gott durch alle seine Propheten jedem Volk offenbart hat. Es ist sowohl eine Religion als auch eine vollständige Lebensweise. Für einen wahren Muslim ist es ein Leben des Friedens und der Vergebung, und die Mehrheit der Muslime hat nichts mit dem religiösen Extremismus und Terror zu tun, der inzwischen mit ihrem Glauben in Verbindung gebracht wird.

B. Wer sind die Muslime?

Es gibt über eine Milliarde Menschen aus allen Nationalitäten und Kulturen der Erde, die sich zum Glauben an den Islam bekennen. Diese Muslime verehren den Einen Gott (Allah) und verehren den Propheten Mohammed als den grössten und letzten Propheten aller Propheten. Muslime glauben, dass kein neuer Prophet nach Mohammed auferstehen kann. Muslime betrachten den Koran als ihr heiliges Buch, das der Engel Gabriel dem Propheten Mohammed offenbart hatte. Muslime lehnen die biblische Lehre der Dreieinigkeit und damit Jesus als Sohn Gottes ab.

C. Was glauben Muslime?

Muslime glauben an einen Gott, an Engel, die von ihm geschaffen wurden, an Propheten, die seine Offenbarungen den Menschen brachten, an einen Tag des Gerichts, an die Verantwortung des Individuums für sein Handeln, in Gottes absolute Autorität über das Schicksal der Menschen und an das Leben nach dem Tod.

Muslime glauben an die Kette der Propheten, beginnend mit Adam, die sich mit Noah, Abraham, Ismael, Isaak, Jakob, Joseph, Hiob, Moses, Aaron, David, Salomo, Elija, Jona, Johannes, dem Täufer, und Jesus fortsetzte. Aber Gottes letzte Botschaft an die Menschheit, eine Bestätigung der ewigen Botschaft, wurde dem Propheten Mohammed durch den Engel Gabriel offenbart.

D. Wie wird jemand Muslim?

Es ist sehr einfach, Muslim zu werden, indem man sagt: "Es gibt keinen Gott ausser Allah und Mohammed ist der Gesandte Allahs." Mit dieser Erklärung verkündet der Gläubige seinen Glauben an Allah, die Botschaft des gesandten Propheten Mohammed und an den Heiligen Koran. Die Erklärung wird nicht auf die leichte Schulter genommen, denn sich einem Leben zu widmen, das von den islamischen Grundsätzen geleitet ist, ist ein ernstes und feierliches religiöses Unterfangen.

Die Annahme des Islam durch die Erklärung zerstört alle früheren Sünden. Bezeichnenderweise gibt es aus christlicher Sicht keinen Hinweis auf das Blut Jesu, das die Sünde vergibt. Die Bilanz des frischkonvertierten Muslims sauber. Man sollte sich anschliessend bemühen, frei von Sünden zu leben und zu versuchen, so viele gute Taten wie möglich zu vollbringen, um Allahs Gunst zu gewinnen. Muslime glauben, dass Jesus ein Muslim war, obwohl er Hunderte von Jahren vor Mohammed und der Abfassung des Korans lebte.

Der erste Teil der Erklärung ist für einen Muslim sehr wichtig. "Es gibt keinen Gott ausser Allah/Gott." Dies bedeutet, dass niemand das Recht hat, angebetet zu werden, ausser Gott/Allah allein, und dass Gott keinen Partner oder Sohn hat. Der zweite Teil bedeutet, dass Mohammed der letzte wahre Prophet ist, den Gott der Menschheit gesandt hat. Der dritte Teil bedeutet, dass ein Muslim glauben sollte, dass der Heilige Koran das wörtliche Wort Gottes ist, das dem Propheten Mohammed offenbart wurde. Der vierte Teil besteht darin, den Islam als die einzige wahre Religion der Menschheit anzuerkennen.

> *"Wir haben nicht euch (O Mohammed) geschickt, sondern an die ganze Menschheit als Geber guter Nachrichten und als Warner, aber die meisten Menschen wissen es nicht."* **(Koran 34:28)**

> *"Wer eine andere Religion als den Islam sucht, wird von ihm niemals angenommen werden, und im Jenseits wird er einer der Verlierer sein."* **(Koran 3:85)**

E. Was ist der Koran für die Muslime?

Für die Muslime ist der Koran das Wort Allahs, das Allahs Charakter und die Beziehung des Menschen zu ihm offenbart. Es ist das zentrale und letzte Kommunique an die Menschheit. Darin stehen das Gesetz, die Gebote und der Code für ihren Glauben und ihr soziales und moralisches Leben. Das Wort Koran bedeutet "Rezitation". Muslime glauben, der Koran sei dem Propheten Mohammed vom Engel Gabriel wörtlich diktiert, um die letzte Offenbarung von Allah (Gott) zu sein. Für einen Muslim ist der Koran das heilige Wort Gottes, das jeden Fehler in den vorherigen heiligen Büchern, dem Alten und Neuen Testament, korrigieren soll. So wie die Bibel das Wort Gottes für Christen ist, so ist für den Anhänger des Islam massgebliche Schrift der Koran.

Während der Koran eine Quelle der Inspiration, des Trostes und des Heils ist, ist er für westliche Leser oft eine Quelle der Verwirrung. Die enormen Auswirkungen des Korans auf die muslimische Gesellschaft brachte einige westliche Leser dazu, ihn zu lesen und die unbestrittene Macht und Schönheit des Koran anzuerkennen. Der Koran soll als Fundament aller muslimischen Gesellschaften dienen. Er regelt das Leben der Gesellschaft in Zeiten von Krieg und Frieden und legt sogar die Gründe und Regeln für den Krieg fest. Der Koran ist kurz gesagt, eine Schule für Muslime; sie diszipliniert sie physisch, moralisch und spirituell.

Im Gegensatz zur Bibel entstand der Koran angeblich, indem er aus dem Mund eines einzelnen Menschen vorgetragen wurde, was dieser vom Engel Gabriel gehört hatte. Auf der anderen Seite ist die Bibel eine Sammlung von vielen Büchern, die von vielen Autoren verfasst wurden, und für die Muslime sind die Meinungen dieser Schriftsteller hinsichtlich ihres Offenbarungsstatus unterschiedlich und sie seien darüber hinaus nicht vollständig sachlich, wodurch die Bibel korrumpiert und kontaminiert wird.

Der Koran schuf eine völlig neue Kategorie menschlichen Denkens und Identität. Es verdient höchstes Lob für seine fesselnden – fast erschreckenden Vorstellungen von göttlicher Natur, besonders in Bezug auf göttliche Macht, Wissen, universelle Vorsehung und die Einheit der Gottheit, für den Glauben und das Vertrauen des Koran in einen Gott, der Schöpfer des Himmels und der Erde ist tief und inbrünstig. Der Koran verkörpert vieles, was edel und moralisch ernst im Charakter ist.

Vor allem ist der Koran "ein Buch der Führung für den Gottesfürchtigen" **(Koran 2:1-5)**. Die Gläubigen werden überredet, über den Koran nachzudenken, sowohl die Bedeutung als auch die Anwendung seiner Verse zu studieren und sich von ihnen in ihrem täglichen Verhalten leiten zu lassen. Der Koran soll die Grundlage der muslimischen Gesellschaft sein. Der Koran regelt das Verhältnis eines Kindes zu den Eltern und deren Verantwortung wiederum gegenüber dem Kind. Sie regelt die Beziehungen eines Muslims zu anderen Muslimen und zu Nichtmuslimen, das Verhältnis eines Subjekts zum Staat und seinen herrschenden Autoritäten und das Verhältnis eines Menschen zu Gott. Sie regelt das Leben der Gesellschaft in Zeiten von Krieg und Frieden und legt sogar die Gründe und Regeln für den Krieg fest. Der Koran ist, kurz gesagt, eine Schule des Lebens für Muslime: Er führt und diszipliniert sie physisch, moralisch und spirituell.

KAPITEL ZWEI - WAS MUSLIME ÜBER CHRISTEN WISSEN MÜSSEN

Der Wahrheitsgehalt des christlichen Glaubens zeigt sich in einer persönlichen Beziehung zu Jesus Christus, eine Tatsache, die das Herz des christlichen Glaubens nicht zu einem Satz oder System ritueller Praktiken macht, wie es in allen anderen Religionen der Fall ist.

Vielleicht haben Sie heute Fragen zum Propheten Jesus. Vielleicht untersuchen Sie die Behauptungen des Christentums zum ersten Mal, oder vielleicht glauben Sie bereits, aber Sie sind unsicher, was die Beweise für Ihren Glauben sind. In dieser Studie finden Sie Beweise über das Christentum und den Islam, über Jesus und Mohammed. Sie selbst sind aufgefordert, die Frage zu beantworten, wer der grösste Prophet sei.

Der Apostel Petrus, Nachfolger Jesu, den Jesus gewählt hat, um die Ankunft des Reiches Gottes in Jesus zu bewahren und zu verkünden, sagte:

> *Seid immer bereit, Rede und Antwort zu stehen, wenn euch andere nach der Hoffnung fragen, die euch erfüllt.* **(1. Petrus 3:15)**

Petrus rief alle Christen auf, ihren Glauben verteidigen zu können, so wie man es vor Gericht tun würde.

Das Wort "christlich" taucht nur dreimal in der Bibel auf. Es wurde zum ersten Mal von dem Bürger von Antiochia (heute Antakya, Hatay, Provinz der Türkei) erwähnt, der den Anhängern Jesu diesen Namen gab.

> *Und als er ihn fand, brachte er ihn nach Antiochia. Ein ganzes Jahr lang trafen sich Barnabas und Saulus mit der Kirche und lehrten*

eine grosse Zahl von Menschen. Die Jünger wurden zuerst in Antiochia Christen genannt. **(Apg 11:26)**

Dann sagte Agrippa zu Paulus: Du überredest mich fast, Christ zu werden. **(Apg 26:28)**

Wenn ihr aber als Christen leidet, schämt euch nicht, sondern lobt Gott, der diesen Namen trägt. **(1. Petrus 4:16)**

"Christlich" war daher ursprünglich ein Etikett, das vom vorchristlichen Volk des ersten Jahrhunderts n. Chr. verwendet wurde, um die Nachfolger Jesu Christi zu beschreiben. Der Begriff "christlich" blieb und bleibt heute das Hauptwort, um diejenigen zu beschreiben, für die Jesus Christus im Mittelpunkt steht. Muslime haben jedoch ein Problem mit dem Begriff Christ, weil für sie so viel mit dem Wort verbunden ist. Sie sehen die Christen im Hinblick auf das, was in der Zeit geschah, als die römisch-katholische Kirche die vorherrschende Religion war. Die Machtausübung des Papsttums, die Inquisition und das, was sie als Götzenverehrung in der Kirche zwischen 200 und 1200 n. Chr. betrachten. In den dazwischen liegenden 2000 Jahren, seit der Begriff "Christlich" zum ersten Mal geprägt wurde, haben sich eine ganze Reihe von Assoziationen zusammengetragen, für die Muslime weitgehend negativ sind.

Um die wahre Bedeutung, das Wesen dessen, was es bedeutete und immer noch bedeutet, ein "Christ" zu sein, zu entdecken, müssen wir vor die Zeit der römisch-katholischen Kirche zurück zur frühen Kirche gehen, die am Pfingsttag entstanden ist, wie im zweiten Kapitel des Buches der Apostelgeschichte festgehalten.

A. Was ist das Christentum?

Das Christentum entwickelte sich ursprünglich als Teil des Judentums. Jesus war Jude. Er lebte von etwa 3 v. Chr. bis 30 n. Chr. Er lebte, lehrte und vollbrachte unzählige Wunder in Palästina, vor allem unter seinen Mitjuden. Paulus, ein Hauptsprecher der frühen Kirche, sagte: "Das Christentum ist eine gute Nachricht" über eine historische Person, Jesus Christus, der auf der menschlichen Seite von einer Jungfrau geboren wurde, dessen Auferstehung von den Toten aber in aller Macht ihn als Sohn Gottes auszeichnete. Das so genannte Evangelium Jesu Christi ist Jesus selbst, die gute Nachricht: Seine Person, sein Leben, das, was er getan, gelehrt und beansprucht hat; sein Tod und was er vollbracht hat; und vor allem seine Auferstehung, die zeigte, dass seine Lehre – nicht zuletzt über seinen Tod wahr sei. Diese Dinge sind das Herz des christlichen Glaubens, und das Neue Testament ist die Aufzeichnung von ihnen und ihre Implikationen für diejenigen, die an sie glauben.

> *Ich schäme mich nicht für die rettende Botschaft. Denn sie ist eine Kraft Gottes, die alle befreit, die darauf vertrauen; zuerst die Juden, aber auch alle anderen Menschen. Durch sie zeigt Gott, wie er ist: Er sorgt dafür, dass unsere Schuld gesühnt wird und wir mit ihm Gemeinschaft haben können. Dies geschieht, wenn wir uns allein auf das verlassen, was Gott für uns getan hat. So heisst es schon in der Heiligen Schrift: „Nur der wird Gottes Anerkennung finden und leben, der ihm vertraut." **(Römer 1:16-17)***

Da das biblische Zeugnis die Autorität für den christlichen Glauben darstellt, wollen wir sehen, was es über das Wort "christlich" sagt. Sie wurden "Christen" genannt, weil ihr Verhalten, ihre Handlungen und ihre Rede wie diejenigen Jesus Christus' waren. Das Wort „christlich" bedeutet "Nachfolger

Christi" oder "der Familie Christi gehörend". „Christ" bedeutete, Teil dieser Gruppe zu sein.

Die Bibel sagt, dass gute Werke einen für Gott nicht annehmbar machen. Mit anderen Worten, eine Person kann nach einem hohen moralischen Standard leben, Geld geben, um die Armen zu ernähren, in die Kirche gehen und ihren Nachbarn dienen und dennoch kein Christ sein.

Das Zeugnis des Paulus erklärt weiter:

> *Denn nur durch seine unverdiente Güte seid ihr vom Tod gerettet worden. Das ist geschehen, weil ihr an Jesus Christus glaubt. Es ist ein Geschenk Gottes und nicht euer eigenes Werk.*
>
> *Durch eigene Leistungen kann ein Mensch nichts dazu beitragen. Deshalb kann sich niemand etwas auf seine guten Taten einbilden.*
> **(Epheser 2:8-9)**

Sobald Sie die Frage "Was ist ein Christ?" beantwortet haben, haben Sie die persönliche Verantwortung, sich zu fragen: "Was bedeutet das für mich? Habe ich Gottes Heilsgeschenk durch Jesus Christus abgelehnt oder angenommen?"

Wenn Sie Gottes Heilsgeschenk angenommen haben, wie hat sich Ihr Leben verändert? Haben Sie die Zeichen eines Jüngers Jesu Christi? Falls ja, wird Ihr Leben von Liebe zu anderen und Gehorsam gegenüber Gottes Wort geprägt sein.

> *Wenn jemand behauptet: »Ich kenne Gott«, sich aber nicht an seine Gebote hält, so ist er ein Lügner; die Wahrheit lebt nicht in ihm. Doch wer sich nach dem richtet, was Gott gesagt hat, bei dem ist Gottes Liebe zum Ziel gekommen. Daran erkennen wir, ob wir wirklich mit ihm verbunden sind. Wer von sich sagt, dass er zu*

ihm gehört, der soll auch so leben, wie Jesus gelebt hat. (1. Johannes 2:4-6)

Wenn Sie Jesus nie als Ihren Retter angenommen haben, ermutige ich Sie, Ihre Untersuchung der Zeugnisse fortzusetzen. **1 Johannes 2:4-6** zeigt, dass Christen Jesus vertrauen, an ihn glauben und den Rest ihres Lebens ihm übertragen sollen.

Sind die Aussagen des Neuen Testaments wahr, dass die Sünde uns von Gott trennt, Jesus als Ersatz für unsere Sünden gestorben und das ewige Leben nur durch Jesus zu erlangen ist? Lesen und entscheiden Sie!

> *Der Lohn, den die Sünde auszahlt, ist der Tod. Gott aber schenkt uns in der Gemeinschaft mit Jesus Christus, unserem Herrn, ewiges Leben. (Römer 6:23)*
>
> *Durch einen einzigen Menschen, nämlich durch Adam, ist die Sünde in die Welt gekommen und als Folge davon der Tod. Nun sind alle Menschen dem Tod ausgeliefert, denn alle haben auch selbst gesündigt. (Römer 5:12)*
>
> *Wer also mit dem Sohn verbunden ist, der hat das Leben. Wer aber keine Gemeinschaft mit dem Sohn hat, der hat auch das Leben nicht.*
>
> *Ich weiss, dass ihr an Jesus Christus als den Sohn Gottes glaubt. Mein Brief sollte euch noch einmal versichern, dass ihr das ewige Leben habt. (1. Johannes 5:12-13)*

B. Was Christen glauben

Christen neigen dazu, dem "richtigen" Glauben mehr Bedeutung beizumessen als den Anhängern vieler anderer Religionen. Der Begriff "orthodox" (von einem griechischen Wort, das "rechter

Glaube" bedeutet) wird verwendet, um Überzeugungen zu beschreiben, die mit den zentralen Grundsätzen der christlichen Kirche im Laufe ihrer Geschichte seit ihrer Gründung vor 2000 Jahren übereinstimmen. Wenn sie sagen, dass jemand Christ ist, meinen sie normalerweise, dass er diese grossen christlichen Überzeugungen akzeptiert. Was man glaubt, ist natürlich nicht alles, denn das Christentum ist auch eine Lebensweise und eine Gemeinschaft. Dennoch halten es die meisten Christen nicht für angebracht, den Begriff Christ auf jemanden anzuwenden, nur weil er oder sie christliche Eltern hat, als Christ aufgewachsen ist oder sich beruft, viele Lehren Jesu zu bewundern.

Im Islam und anderen Religionen wird jemand einfach in eine religiöse Gemeinschaft geboren und wächst mit Bräuchen und starrer ritueller Erziehung heran. Dies schränkt die Freiheit eines Individuums ein, seinen eigenen Glauben zu wählen, ja wenn jemand eine solche Freiheit für sich beansprucht, kann es zu schwerwiegenden Folgen innerhalb seiner Religion führen. Dieses Buch wird beweisen, dass niemand als Christ geboren ist. Das Christentum läuft nicht im Blut, die Sünde tut es. Jesus hat dies absolut klargestellt, als er mit Nikodemus sprach. Über Nikodemus ist nur sehr wenig bekannt, ausser dass er gut ausgebildet, wohlhabend und ein Führer und Lehrer in der jüdischen Gemeinde war. Er kam nachts zu Jesus, da er von ihm gelehrt werden wollte.

> *Unter den Pharisäern gab es einen Mann namens Nikodemus; er war ein Mitglied des Hohen Rates. Eines Nachts kam er zu Jesus: »Rabbi«, sagte er, »wir wissen, dass Gott dich als Lehrer zu uns gesandt hat. Denn niemand kann die Wunder tun, die du vollbringst, wenn Gott sich nicht zu ihm stellt.«* **(Johannes 3:1-2)**

Seine späteren Taten deuten darauf hin, dass Nikodemus in seiner Begegnung mit Jesus gelernt hatte, was es bedeutete und wie wichtig es war, wiedergeboren zu werden. Nikodemus war ein veränderter Mensch, mit einem neuen Verständnis von Gott und sich selbst.

> *Darauf erwiderte Jesus: »Ich versichere dir, Nikodemus: Wer nicht neu geboren wird, kann Gottes Reich nicht sehen und erleben.«*
> **(Johannes 3:3)**

Um als Christ eingestuft zu werden, wird normalerweise erwartet, dass man die grossen christlichen Überzeugungen akzeptiert, der Lebensweise folgt, die Jesus gelehrt hat, um ein Teil der christlichen Gemeinschaft zu sein. Die meisten religiösen Gruppen haben Glaubensstandards. Von den Mitgliedern wird erwartet, dass sie die Standards ihrer Gemeinschaft akzeptieren. Das soll nicht heissen, dass Christen keine Fragen oder Zweifel haben. Die meisten Kirchen (auch ziemlich starre) erlauben es den Mitgliedern, Unsicherheit auszudrücken und Überzeugungen in Frage zu stellen. Die meisten Gruppen erwarten jedoch, dass Führer und Lehrer die orthodoxen Positionen vertreten. Die Gruppen unterscheiden sich sowohl in der Art und Weise, wie ihre Standards kodifiziert sind, als auch in dem Grad der Konformität, den sie erwarten. Einige haben detaillierte formale Glaubensstandards. Andere verwenden nur die Bibel und erlauben persönlichen Freiraum in der Interpretation.

Die Grundüberzeugungen der Christen sind in Paulus' Zeugnis für die Korinther zusammengefasst: Jesus starb für unsere Sünden, wurde begraben, ist auferstanden und bietet damit allen, die ihn im Glauben empfangen werden, das Heil. Einzigartig unter allen anderen Glaubensrichtungen geht es beim Christentum mehr um eine Beziehung zu Gott als um religiöse Praktiken. Anstatt sich an eine Liste von "Dos and Don'ts" zu halten, ist das Ziel eines Christen, einen engen Spaziergang mit Gott zu pflegen. Diese

Beziehung wird durch das Wirken Jesu Christi und den Dienst des Heiligen Geistes ermöglicht.

Liebe Brüder und Schwestern! Ich möchte euch an die rettende Botschaft erinnern, die ich euch verkündet habe. Ihr habt sie angenommen und darauf euer Leben gegründet. Durch diese Botschaft werdet ihr gerettet, vorausgesetzt, ihr bewahrt sie genau so, wie ich sie euch überliefert habe. Sonst glaubt ihr vergeblich und erreicht das Ziel nicht. Zuerst habe ich euch weitergegeben, was ich selbst empfangen habe: Christus ist für unsere Sünden gestorben. Das ist das Wichtigste, und so steht es schon in der Heiligen Schrift. Er wurde begraben und am dritten Tag vom Tod auferweckt, wie es in der Heiligen Schrift vorausgesagt ist. (1. Korinther 15:1-4)

Christen glauben, dass die Bibel das inspirierte, "gottgegebene" Wort Gottes und ihre Lehre die letzte Autorität in allen Fragen des Glaubens und der Praxis ist. Die Christen glauben an einen Gott, der in drei Personen existiert: Dem Vater, dem Sohn (Jesus Christus) und dem Heiligen Geist.

Denn die ganze Heilige Schrift ist von Gott eingegeben (eingeatmet). Sie soll uns unterweisen; sie hilft uns, unsere Schuld einzusehen, wieder auf den richtigen Weg zu kommen und so zu leben, wie es Gott gefällt. (2 Timotheus 3:16)

Doch vergesst vor allem eines nicht: Kein Mensch kann jemals die prophetischen Worte der Heiligen Schrift aus eigenem Wissen deuten. 21Denn niemals haben sich die Propheten selbst ausgedacht, was sie verkündeten. Immer trieb sie der Heilige Geist dazu, das auszusprechen, was Gott ihnen eingab. (2. Petrus 1:20-21)

Der Apostel Paulus bezeugte, dass die Menschheit speziell geschaffen wurde, um eine Beziehung zu Gott zu haben, aber die Sünde trennt alle Menschen von Gott.

Alle sind schuldig geworden und spiegeln nicht mehr die Herrlichkeit wider, die Gott dem Menschen ursprünglich verliehen hatte. (Römer 3:23)

Durch einen einzigen Menschen, nämlich durch Adam, ist die Sünde in die Welt gekommen und als Folge davon der Tod. Nun sind alle Menschen dem Tod ausgeliefert, denn alle haben auch selbst gesündigt. (Römer 5:12)

Der Apostel Paulus gibt weiterhin Zeugnis und sagt, dass Jesus Christus diese Erde beschritten hat, ganz Gott und doch ganz Mensch.

Obwohl er in jeder Hinsicht Gott gleich war, hielt er nicht selbstsüchtig daran fest, wie Gott zu sein. Nein, er verzichtete darauf und wurde einem Sklaven gleich: Er wurde wie jeder andere Mensch geboren und war in allem ein Mensch wie wir. Er erniedrigte sich selbst noch tiefer und war Gott gehorsam bis zum Tod, ja, bis zum schändlichen Tod am Kreuz. Darum hat ihn Gott erhöht und ihm den Namen gegeben, der über allen Namen steht. Vor Jesus müssen einmal alle auf die Knie fallen: alle im Himmel, auf der Erde und im Totenreich. Und jeder ohne Ausnahme wird zur Ehre Gottes, des Vaters, bekennen: Jesus Christus ist der Herr! **(Philipper 2:6-11)**

Christen glauben, dass Christus nach seinem Tod begraben wurde, aber dann wieder auferstanden ist und nun zur Rechten des Vaters lebt und für immer Fürsprache für die Gläubigen hält.

Und weil Jesus Christus ewig lebt und für uns bei Gott eintritt, wird er auch alle endgültig retten, die durch ihn zu Gott kommen. **(Hebräer 7:25)**

Das Christentum verkündet, dass der Tod Jesu am Kreuz ausreichte, um die Sündenschuld aller Menschen vollständig zu tilgen und somit die zerbrochene Beziehung zwischen Gott und dem Menschen wiederherzustellen. **(Römer 5,8; 6:23).**

Seit Christus gilt diese neue Ordnung. Er ist der Hohepriester, durch den sich Gottes Zusagen an uns erfüllt haben. Seinen Dienst verrichtet er in einem Heiligtum – grösser und vollkommener als jedes andere, das je von Menschen betreten wurde. Dieses Heiligtum ist nicht von Menschenhand errichtet, es gehört nicht zu dieser Welt. Christus opferte auch nicht das Blut von Böcken und Kälbern für unsere Sünden. Vielmehr opferte er im Allerheiligsten sein eigenes Blut ein für alle Mal. Damit hat er uns für immer und ewig von unserer Schuld vor Gott befreit.

Schon nach den Regeln des alten Bundes wurde jeder, der nach den religiösen Vorschriften unrein geworden war, wieder äusserlich rein, wenn er mit dem Blut von Böcken und Stieren besprengt oder mit der Asche einer geopferten Kuh bestreut wurde. 14Wie viel mehr wird das Blut von Jesus Christus uns innerlich erneuern und von unseren Sünden reinwaschen! Erfüllt von Gottes ewigem Geist hat er sich selbst für uns als fehlerloses Opfer Gott dargebracht. Darum sind unsere Sünden vergeben, die letztlich nur zum Tod führen, und unser Gewissen ist gereinigt. Jetzt sind wir frei, dem lebendigen Gott zu dienen. **(Hebräer 9:11-14)**

C. Wie wird jemand ein Jünger Jesu?

Christen glauben, dass man, um gerettet und nach dem Tod in den Himmel aufgenommen zu werden, seinen Glauben ganz auf das vollendete Werk Christi am Kreuz setzen müsse. Wenn wir glauben, dass Christus an unserer Stelle gestorben ist und den Preis unserer eigenen Sünden bezahlt und wieder auferstanden ist, dann sind wir gerettet. Das ist das Argument, das die Christen vorbringen. Es gibt nichts, was jemand tun kann, um Erlösung zu verdienen. Wir können nicht "gut genug" sein, um Gott allein zu gefallen, denn wir sind alle Sünder. Der alttestamentarische Prophet Jesaja gab sein prophetisches Zeugnis davon etwa 700 Jahre vor Jesus.

Wir alle irrten umher wie Schafe, die sich verlaufen haben; jeder ging seinen eigenen Weg. Der Herr aber lud alle unsere Schuld auf ihn. **(Jesaja 53:6)**

Doch niemand sucht bei dir Hilfe, Herr. Keiner will an dir festhalten. Denn du selbst hast dich von uns abgewandt. Du lässt uns die Folgen unserer Sünden tragen und daran zerbrechen. Dennoch bist du, Herr, unser Vater! Wir sind der Ton, und du bist der Töpfer! Wir alle sind Gefässe aus deiner Hand. **(Jesaja 64:6-7)**

Er sagte: *"Es ist vollendet"* **(Johannes 19:30)**, was bedeutet, dass das Erlösungswerk vollendet war.

Wenn wir die Zeugnisse sorgfältig studieren, werden wir erkennen, dass Jesus nicht gekommen ist, um eine Religion zu finden. Die jüdische Religion war von Gott zur Zeit Mosess (1500 v. Chr.) gegeben worden und ihr Hauptzweck war es, den Weg für das Kommen des Messias zu bereiten. Jesus kam in die Welt, um Sünder zu retten und nicht um eine Religion zu gründen.

Nach dem Zeugnis ist das Heil die Freiheit von der alten Sünde und die Freiheit, eine rechte Beziehung zu Gott zu suchen. Wenn wir einst Sklaven der Sünde waren, sind wir jetzt Diener Christi. Der Apostel Paulus setzt sein Zeugnis fort und zeigt, dass die Gläubigen, solange sie auf dieser Erde in ihrem sündigen Körper leben, einen ständigen Kampf mit der Sünde führen werden. Christen können jedoch im Kampf gegen die Sünde siegen, indem sie Gottes Wort in ihrem Leben studieren und anwenden und vom Heiligen Geist kontrolliert werden, der sich unter alltäglichen Umständen der Führung des Geistes unterwirft.

Soll das nun etwa heissen, dass wir bedenkenlos sündigen können, weil uns ja Gottes Gnade gilt und wir das Urteil des Gesetzes nicht mehr zu fürchten brauchen? Natürlich nicht! Wisst ihr nicht, dass ihr dem Herrn gehorchen müsst, dem ihr euch verpflichtet habt? Und das heisst: Entweder entscheidet ihr euch für die Sünde und werdet sterben, oder ihr hört auf Gott, und er wird euch annehmen. Aber Gott sei Dank! Ihr seid nicht mehr hilflos der Sünde ausgeliefert, sondern ihr hört von ganzem Herzen auf das, was euch gelehrt worden ist und was jetzt euer Leben bestimmt. Denn ihr seid von der Herrschaft der Sünde frei geworden; ihr könnt jetzt Gott dienen und das tun, was ihm gefällt. Weil ihr das so schwer verstehen könnt, will ich es euch an einem bekannten Beispiel deutlich machen, dem Sklavendienst: Früher habt ihr der Unmoral und dem Unrecht wie Sklaven gedient. So war euer Leben ein einziger Widerspruch zu Gottes Willen. Jetzt aber sollt ihr uneingeschränkt Gott dienen; lebt so, wie es ihm gefällt, und zeigt auf diese Weise, dass ihr zu ihm gehört! Als Sklaven der Sünde wart ihr zwar frei, allerdings nur vom Guten. Und was kam dabei heraus? Bei dem Gedanken daran könnt ihr euch heute nur schämen, denn es hätte euch nichts anderes eingebracht als den Tod. Aber jetzt seid ihr frei von der Sünde und dient Gott mit eurem ganzen Leben. Das Ergebnis ist: Ihr gehört zu ihm und tut, was ihm gefällt, und schliesslich schenkt er euch das ewige Leben. **(Römer 6:15-22)**

Während also viele religiöse Systeme verlangen, dass eine Person bestimmte Dinge tut oder nicht, zeigt das Zeugnis, dass es im Christentum darum geht, zu glauben, dass Christus am Kreuz gestorben ist, um uns von unseren eigenen Sünden zu erlösen, und wieder auferstanden ist, um den Willen dieses Zeugnisses durchzusetzen. Unsere Sündenschulden werden bezahlt, und wir können eine Gemeinschaft mit Gott leben. Diese Studie zeigt auf, dass wir siegreich über unsere sündige Natur sein und in Gemeinschaft und Gehorsam mit Gott voranschreiten können.

Als erstes gilt zu erkennen, dass wir es nicht allein schaffen können. Wir sind Sünder, die Hilfe brauchen. Was ist ein Sünder? Nach dem christlichen Glauben ist ein Sünder jemand, der von Gott getrennt ist, sich entschieden hat, seinen eigenen Weg zu gehen und wegen der Sünde nicht zu Gott zurückkehren kann. Sünde kann als unser selbstzentrierter Stolz und Egoismus charakterisiert werden. Genauer gesagt ist Sünde die Verletzung von Gottes Standard der Rechtschaffenheit.

Um Christ zu werden, sieht ein Mensch seinen hoffnungslosen Zustand und erkennt, dass Jesus Christus eine Antwort bietet. Der nächste Schritt ist, dieses Angebot persönlich zu empfangen, *"denn die Gabe Gottes ist das ewige Leben durch Jesus Christus, unseren Herrn"* **(Römer 6:23)**. Nach dem christlichen Zeugnis wird ein Mensch, wenn er Christus als seinen Erlöser empfängt, indem er Gottes Gabe annimmt, in diesem Moment wiedergeboren.

So müssen wir uns der Tatsache stellen, dass wir einen Erlöser brauchen, jemanden, der alles erreicht, was Gott braucht. Die einzige Person, die dies jemals tun konnte, war Jesus Christus. Er allein lebte ein Leben, das für Gott akzeptabel war.[3]

Christ zu werden, besteht nicht darin, unsere Tat aufzuräumen oder zu versuchen, netter zu sein, indem wir gute Taten tun. Es beginnt mit der Erkenntnis, dass wir sündig sind und nicht, auch an unserem besten Tag gut genug sein können, um einen heiligen Gott zu beeindrucken. **Jesaja 64:6** sagt, *"dass unsere besten Taten wie schmutzige Lumpen zu Gott sind."* Unser Gut kann niemals unser Schlechtes überwiegen, denn Gott ist vollkommen und wir sind geborene Sünder. **(Römer 5:12)**

---

[3] Auszüge aus "Answers to Tough Questions Sceptics Ask About the Christian Faith". Josh McDowell und Don Stewart. Tyndale House Publishers, 1980.

Kann eine Person gerettet werden, ohne an den Grundüberzeugungen des Christentums festzuhalten? Aber daneben, dass wir diese Grundüberzeugungen annehmen, muss es eine spirituelle Transformation geben.

Jesus sagte, dass man, um das ewige Leben zu erben, "wiedergeboren" werden müsse **(Johannes 3:3)**. Christen glauben, dass die Wiedergeburt ein Werk des Heiligen Geistes im Herzen eines reuigen Sünders ist. Der Heilige Geist tut das Werk, um einen Sünder in ein neues Geschöpf zu verwandeln **(2. Korinther 5:17)**. Christen glauben, dass der Prozess beginnt, wenn Gott ein Herz durch die Überzeugung der Sünde und die Zusicherung der Vergebung zieht **(Johannes 6:44)**. Wenn wir uns Gott hingeben und von unserer Sünde abkehren **(Apg 2,38)** wendet Gott das Blut seines eigenen Sohnes auf unser Konto an und hebt unsere Schuld an ihn auf **(Kolosser 2:14)**. Durch diesen Akt der Übertragung spricht Gott sein Urteil über uns als "nicht schuldig" aus, das heisst, Er legitimiert uns **(Römer 4:5)**. Die Erlösung ist ein göttlicher Austausch: Jesus hat unsere Sünden genommen, damit wir seine Kinder werden können **(2. Korinther 5:21)**. Das ist das Evangelium im Kern des christlichen Zeugnisses.

Damit jemand Christ wird, gibt es ein Gebet, das unter dem Urteil des Heiligen Geistes gesagt werden muss. Hier ist ein einfaches Bekenntnisgebet der christlichen Verwendung.

> *Wenn wir behaupten, sündlos zu sein, betrügen wir uns selbst. Dann lebt die Wahrheit nicht in uns. Wenn wir aber unsere Sünden bekennen, dann erweist sich Gott als treu und gerecht: Er wird unsere Sünden vergeben und uns von allem Bösen reinigen. (1. Johannes 1:8-9)*

Hier ist ein einfaches Bekenntnisgebet, das gesagt werden kann:

"Lieber Herr Jesus, ich weiss, dass ich ein Sünder bin, und ich bitte um Vergebung. Ich glaube, du bist für meine Sünden gestorben und bist von den Toten auferstanden. Ich wende mich von meinen Sünden ab und lade dich ein, in mein Herz und mein Leben zu kommen. Ich möchte ihnen als mein Herr und Retter vertrauen und Ihnen folgen."

Die Christen glauben, dass es einen Weg zum Himmel gibt. Jesus sagte:

Jesus antwortete: «Ich bin der Weg, ich bin die Wahrheit, und ich bin das Leben! Ohne mich kann niemand zum Vater kommen.» **(Johannes 14:6)**

Denn nur durch seine unverdiente Güte seid ihr vom Tod gerettet worden. Das ist geschehen, weil ihr an Jesus Christus glaubt. Es ist ein Geschenk Gottes und nicht euer eigenes Werk. Durch eigene Leistungen kann ein Mensch nichts dazu beitragen. Deshalb kann sich niemand etwas auf seine guten Taten einbilden. **(Epheser 2:8-9)**

Gott aber beweist uns seine grosse Liebe gerade dadurch, dass Christus für uns starb, als wir noch Sünder waren. **(Römer 5:8)**

Denn wenn du mit deinem Mund bekennst: »Jesus ist der Herr!«, und wenn du von ganzem Herzen glaubst, dass Gott ihn von den Toten auferweckt hat, dann wirst du gerettet werden. **(Römer 10:9)**

Die Studie zeigt, dass diese Zeugnisse wahr sind, wie sie der Apostel Johannes und der Apostel Paulus gegeben haben.

Wer nun mit Jesus Christus verbunden ist, wird von Gott nicht mehr verurteilt. Denn für ihn gilt nicht länger das Gesetz der Sünde und des Todes. Es ist durch ein neues Gesetz aufgehoben, nämlich durch das Gesetz des Geistes Gottes, der durch Jesus Christus das Leben bringt. Wie ist es dazu gekommen? Das Gesetz konnte uns nicht helfen, so zu leben, wie es Gott gefällt. Es erwies sich als machtlos gegenüber unserer sündigen Natur. Deshalb sandte Gott seinen Sohn zu uns. Er wurde Mensch und war wie wir der Macht der Sünde ausgesetzt. An unserer Stelle nahm er Gottes Urteil über die Sünde auf sich und entmachtete sie dadurch. So kann sich in unserem Leben der Wille Gottes erfüllen, wie es das Gesetz schon immer verlangt hat; denn jetzt bestimmt Gottes Geist und nicht mehr die sündige menschliche Natur unser Leben. (Römer 8:1-4)

D. Was ist die Bibel für die Christen?

Viele fragen sich, warum die Christen glauben, dass dieses alte Buch die Offenbarung des Gottes des Universums ist? Für Christen ist die Bibel das wichtigste Buch, das jemals geschrieben wurde. Es ist ein Augenzeugenbericht über historische Ereignisse von solcher Grössenordnung, dass sie die Welt, in der wir leben, buchstäblich geprägt haben. Für sie ist es nicht nur ein Buch, das man einfach ignorieren kann, weil es vor Jahrhunderten geschrieben wurde. Es ist das Wort Gottes, aufgeschrieben von Menschen, die von Gott inspiriert wurden Es gibt Gottes Weisung an die Welt.

Archäologische Funde geben uns weiterhin Zuversicht, dass die biblischen Schriftsteller die Geschichte genau aufgezeichnet haben. Zum Beispiel wurden die Bethesdabecken **(Johannes 5:2)** einmal als nicht-historisch abgetan. Jetzt weisen Reiseleiter in Jerusalem Gruppen zu seiner Lage im nordöstlichen Viertel der Altstadt. Wir haben eine steinerne Inschrift und eine Vielzahl anderer Artefakte, ganz zu schweigen von den Schriftrollen aus dem 1. Jahrhundert n. Chr., die in den Qumran-Höhlen in der Nähe des Toten Meeres gefunden wurden, die alle die Wahrhaftigkeit biblischer Bezüge und Texte bestätigen.

Warum glauben Christen, dass die Bibel richtig ist und andere religiöse Bücher falsch sind? Andere Religionen sind in ihrem Bekenntnis zu ihren heiligen Schriften genauso aufrichtig wie Christen zu ihrem. Ist es nicht die Höhe der Bigotterie und Arroganz zu behaupten, dass die Bibel Recht hat und ihre nicht? Das Interesse am Islam hat zugenommen und ein damit einhergehender Ruf nach Toleranz. Wenn einige behaupten, die Bibel sei wahr und der Koran nicht, sind sie nicht genauso intolerant wie diejenigen, die der Bibel nicht glauben?

Paulus war überzeugt, dass „die ganze Schrift von Gott geatmet wird und nützlich ist, um in Rechtschaffenheit zu lehren, zu tadeln, zu korrigieren und zu trainieren." **(2 Timotheus 3:16)**. Er meinte das Alte Testament, das die Bibel seiner Zeit war.

Petrus, der Führer des frühen Christentums, betrachtete die Schriften des Paulus auch als Heilige Schrift:

> *"Er spricht in seinen Briefen mehrfach darüber. Allerdings ist manches davon nur schwer zu verstehen. Und deshalb haben unverständige Leute, die im Glauben nicht gefestigt sind, vieles verdreht und verfälscht. So machen sie es ja auch mit den anderen Heiligen Schriften und stürzen sich damit selbst ins Verderben."* **(2 Petrus 3:16)**

Jesus glaubte, dass seine Worte von Gott inspiriert waren:

> *"Himmel und Erde werden vergehen; meine Worte aber haben für immer Bestand."* **(Lukas 21:33)**

Viele Menschen behaupten, dass die verschiedenen Religionen nur unterschiedliche Wege zum gleichen Gott sind. Es spielt keine Rolle, welchem Gott sie vertrauen, weil sie alle gleich sind. Allah ist Jehova; Buddhisten und Hindus suchen denselben Gott, den wir anbeten. Verschiedene heilige Bücher sind einfach Religionsunterricht wie die Bibel. Wer soll sagen, dass die christliche Bibel Recht hat und alle anderen falsch liegen?

Ein solcher Umgang mit Weltreligionen und ihren Schriften fühlt sich tolerant und hoffnungsvoll an. Aber stimmt das? Stimmen andere Religionen dieser "alle Wege führen nach Rom"-Mentalität ihren Glaubensverpflichtungen gegenüber zu? Mit einem Wort, nein!

Mormonen

Mormonen glauben, dass Gott sich in der Bibel offenbart hat, aber auch in ihrem Buch Mormon, einer Geschichte der frühen Völker der westlichen Hemisphäre. Joseph Smith übersetzte das Buch aus goldenen Platten, die er angeblich vom Engel Moroni erhalten hatte. Lehre und Bündnisse enthalten weitere Offenbarungen, die Smith von Gott erhalten hat. Die Perle des grossen Preises enthält weitere Schriften von Smith. Sie stellten Gott als ein ewiges Wesen aus Fleisch und Knochen dar, das eine körperliche Beziehungen zu Maria hatte, um Jesus zu zeugen. Erlösung und himmlische Belohnungen kommen durch Gehorsam gegenüber diesen Offenbarungen. Die Lehre von der Vergebung der Sünden im Glauben der Mormonen ist, dass sie durch Gnade errettet werden, nachdem sie alles tun können (Artikel 8 der Kirche Jesu Christi der Heiligen der Letzten Tage; Artikel des Glaubens, von James Talmage, S. 92).[4]

---

[4] "Articles of Faith", James Talmage, S. 92

Jüdischer Glaube

Die Juden glauben, dass der Herr (Yahweh) sich durch die Gesetze und Propheten ihrer Schrift offenbart hat, dass Jesus nicht der Messias war und dass das Neue Testament nicht das Wort Gottes ist. Sie gründen ihre Hoffnung auf den Himmel, auf der Barmherzigkeit Gottes als Antwort auf ihr Leben des Gehorsams und der Moral.

Buddhistischer Glaube

Buddha lehrte, dass es keinen "Gott" gibt, obwohl einige seiner Anhänger ihn jetzt anbeten. Er wies seine Jünger an, alle materiellen Wünsche zu vermeiden, damit sie ihre Leiden aufgeben könnten. Die vier edlen Wahrheiten und der edle achtfache Pfad sind die Schlüssel zur Erleuchtung. Die Tripitika ist die älteste Zusammenstellung der Regeln, Predigten und Lehren dieser Lebenseinstellung.

Hindu-Glaube

Hindus glauben an Tausende von territorialen Gottheiten, aber keinen "Herrn" des Universums; Brahman ist die göttliche Kraft, die das Universum erhält, nicht ein persönlicher Gott, der angebetet werden soll. Die Rigveda, ihre frühesten Schriften, bezeichnen Brahman als die Macht, die in religiösen Opfern und Handlungen vorhanden ist. Ihre Upanishaden verherrlichen das Konzept von Brahman gegenüber anderen minderwertigen Formen persönlicher Gottheiten.

Wenn eine dieser Religionen Recht hat, liegen die anderen per definitionem falsch. Keiner der Anhänger dieser verschiedenen Religionen glaubt, dass die anderen Religionen gleichermassen korrekt oder gleichermassen inspiriert sind. Die Schriften, denen die verschiedenen Weltreligionen vertrauen, beschreiben keine unterschiedlichen Wege zu einem sehr unterschiedlichen Göttlichen.

Untersuchen Sie die Beweise

Bisher haben wir gezeigt, dass die grossen religiösen Bücher der Welt nicht in Ordnung sein können. In der Tat, wenn einer von ihnen in seinen Lehren über das Übernatürliche und Ewige richtig ist, sind die anderen per definitionem falsch. Wie entscheiden wir also, welchen Dokumenten wir vertrauen sollen? Lassen Sie uns die Beweise für ihre Wahrheitsansprüche untersuchen.

Eine Reihe von Städten, Inschriften und Orten sind nur im Buch Mormon beschrieben. Bis heute wurden keine von Archäologen gefunden. Mormonen glauben an die buchstäbliche Zusammenkunft Israels und an die Wiederherstellung der zehn verlorenen Stämme; dass das neue Jerusalem auf dem amerikanischen Kontinent gebaut werde, dass Christus persönlich auf Erden herrschen werde und dass die Erde erneuert werde und ihre paradiesische Herrlichkeit zurückerhalte.

Hindu-Dokumente glauben zum Beispiel an ein Jenseits unzähliger Reinkarnationen. Gibt es historische Unterstützung oder objektive Beweise für eine solche Position? Hindus glauben, dass eine Seele, wenn sie stirbt, sie in einen neuen Körper geboren wird. Der Kreislauf von Tod und Wiedergeburt (Samsara) endet erst, wenn eine Seele ihre wahre Natur erkennt, die nicht von der absoluten Gottheit zu unterscheiden ist, die Hindus 'brahman' nennen. Diese Erkenntnis 'moksha' ist Befreiung, und es kann viele Lebensjahre der Anstrengung in einem menschlichen Körper dauern, um zu erreichen.

Gibt es objektive, unabhängige Beweise, um Buddhas Erleuchtung zu dokumentieren? Ein grundlegender Glaube des Buddhismus ist, dass Menschen nach dem Tod wiedergeboren werden. Tatsächlich glauben Buddhisten, dass die meisten Menschen viele Zyklen der Geburt, Jahrzehnte des Lebens, des Todes und der Wiedergeburt durchlaufen.

Mohammed, der Begründer des Islam, wird als "das Siegel aller Propheten" verehrt, der letzte und grösste der Boten Gottes, der eine Erfahrung mit Allah in einer Höhle hatte, in der ihm Offenbarung von einem Engel gegeben wurde. Nach dem Koran schuf Allah "den Menschen aus einem Blutgerinnsel" zur gleichen Zeit erschuf er den Jinn aus Feuer **(Sure 96:1-3)**. Muslime glauben, dass Menschen die grössten aller Geschöpfe sind, die mit freiem Willen geschaffen wurden, um Allah zu gehorchen und ihm zu dienen.

Im Gegensatz dazu sind unabhängige Beweise für die Existenz und die Göttlichkeit Jesu Christi bemerkenswert. Manuskriptbeweise, die die Vertrauenswürdigkeit der christlichen biblischen Materialien dokumentieren, sind überwältigend. Die Beweise zeigen, dass es ausgezeichnete Gründe gibt, zu glauben, dass die Bibel das ist, was sie vorgibt zu sein. In der Altstadt von Jerusalem und anderen Orten wie Jericho, Bethlehem, den Qumran-Höhlen, wo die Schriftrolle des Toten Meeres gefunden wurden, und sogar im Tal von Megiddo geben starke Beweise für die Faktizität der christlichen Bibel.

Gott hat Wege vorgesehen, wie wir wissen können, dass diese heiligen Schriften von ihm stammen. Darüber hinaus ist anzumerken, dass die Bücher der Bibel der strengsten Prüfung durch moderne Gelehrte unterzogen wurden. Und immer wieder haben sie sich historisch zuverlässig erwiesen. Wenn die Beweise für die Bibel sachlich sind, sollte dies uns dann nicht ermutigen und bestätigen, dass die Bibel das inspirierte Wort Gottes ist?

KAPITEL DREI - UNTERSUCHT DIE KORRUPTIONSVORWÜRFE

A. Das Zeugnis aus dem Koran

Das Zeugnis aus dem Koran macht kategorisch deutlich, dass die Thora (Altes Testament), der Zabur (Psalmen) und der Injeel (das Evangelium) von Gott offenbart wurden. Die folgende Liste wird von Don Hamilton aus Trinidad gegeben, um das Ausmass der Beweise im gesamten Koran zu demonstrieren

1. Das Zeugnis der Thora/Zabur/Injeel im Koran

Die Schrift, die Moses gegeben wurde, war ein Kriterium des Rechts und Unrechts. **Sure 2:53**
Gott gab Moses die Thora. **Sure 2:87**
Die Thora und das Evangelium wurden von Gott offenbart. **Sure 3:3**
Die Psalmen und die Schrift wurden von Gott gesandt, der Licht gab. **Sure 3:184**
Die Thora wurde von Gott als Führung und Licht offenbart. **Sure 5:44**
Das Evangelium wurde gegeben, um die Thora zu bestätigen, das Evangelium ist Führung und Licht. **Sure 5:46**
Christen sollen nach dem Evangelium beurteilt werden. **Sure 5:47**
Die Juden und die Christen (Menschen des Buches) würden von oben genährt werden, wenn sie die Thora und das Evangelium beachten würden. **Sure 5:66**
Die Juden und Christen haben keine Wegleitung, bis sie die Thora und das Evangelium, das von Gott offenbart wurde, befolgt haben. **Sure 5:66**

Mosess' Offenbarung wurde von Gott als Licht und Wegleitung für die Menschheit gegeben. **Sure 6:92**
Mosess wurde von Gott die Schrift gegeben, um das Volk aus der Finsternis ans Licht zu bringen. **Sure 14:5**
Mosess wurde von Gott die Schrift gegeben, es war ein klares Zeugnis, eine Wegleitung und Barmherzigkeit. **Sure 28:43**
Die Schrift der Kinder Israel war von Gott gekommen. **Sure 45:16**
Jesus wurde das Evangelium gegeben. **Sure 57:27**

2. Weitere Hinweise auf die Bibel, die Don Hamilton im Koran erwähnt hat

Ungeachtet einiger bemerkenswerter Unterschiede zwischen der Bibel und dem Koran zeigt diese Studie, dass der Koran mehrere Zeugnisse und Berichte enthält, die in den angeblich kontaminierten und korrupten christlichen Schriften gefunden wurden. Ob durch direkte Anspielung oder Rückschlüsse, zahlreiche Beispiele können aus den folgenden Büchern zitiert werden: Genesis, Exodus, Leviticus, 4 Moses, 5 Moses, 1 Samuel, Hiob, Psalmen, Jesaja, Jona, Matthäus, Lukas, Johannes, Apostelgeschichte, Römer, 1 Korinther, 2 Korinther, 1 Timotheus, Hebräer, Jakobus, 1 Petrus und Judas. Die Beweise sind in dieser Tabelle von Don Hamilton aus Trinidad deutlich zu sehen.

Betreff	KORAN REF	OT REF	NT REF
Adam und Eva im Garten; die Versuchung	Sure 2:35-36	Genesis 2-3	2 Korinther 2:11-13
Die Israeliten als von Gott begünstigtes Volk Söhne, die vom Pharao erschlagen wurden Vom Pharao freigesetzt Pharaos Armee ertrunken Moses fastete vierzig Tage. Ein Kalb wurde gemacht.	Sure 2:47-54 2:122 7:142,148 8:54	Deut. 7:6, 14:2 Exodus1,2,13,14 Psalmen 106:9-11	9. Apostelgeschichte 7:18-41 Hebräer 11:23-29
Engel besuchte Abraham über die Geburt Isaaks	Sure 11:69-74	Genesis 18	Römer 9:9
Säule der Wolke Manna zu essen Mit Wachteln versorgt	Sure 2:57,61	Exodus 13:21-22; 16:4,13 Psalm 78:14	Johannes 6:31; 1Korinther 10:1
Bund mit Israel auf dem Berg Sinai	Sure 2:63	Exodus 19,20	Apostelgeschichte 7:38 2 Korinther 3:7-13 Hebräer 12:18-22
Israel wünschte sich einen König	Sure 2:246-247	1 Samuel 9,10	Apostelgeschichte 13:21
David erschlug Goliath	Sure 1:251	1 Samuel 17	
Jesus vom Heiligen Geist gesalbt	Sure 2:253 5:110	Jesaja 61:1	Lukas 4:18,19
Das Gebet von Zacharias Ankündigung von John, seinem Sohn. Zacharias ist stumm	Sure 3:38-41 19:2-11 21:89-90		Lukas 1:5-23
Engel besucht Maria Sie ist hoch favorisiert	Sure 3:42,45 19:16-21 21:91		Lukas 1:26-39

Mord an Abel durch seinen Bruder Kain	Sure 5:27-30	Genesis 4:1-11	Hebräer 1:4 1 Johannes 3:12
Israel wanderte vierzig Jahre lang in der Wüste	Sure 5:26	4 Mose 14:34 5 Mose 2:7	Apostelgeschichte 7:36
Noahs Predigt, die Arche und die Flut	Sure 7:59-64 11:36-40 23:23-29; 25:37	Genesis 6-8	Matthäus 24:36-38 Lukas 17:26-27 1Peter 3:20; 2 Petrus 2:5
Lot in Sodom und Gomorra. Seine Frau zurückgelassen	Sure 7:80-84 11:77-82	Genesis 19	Lukas 17:28-29,32 2. Petrus 2:6-8
Begegnung mit Moses und Pharao in Ägypten	Sure 7:103-142 10:76-93; 14:6	Exodus 7-12	Apostelgeschichte 7:36
Moses in einem Korb am Fluss	Sure 20:37-40	Exodus 2:1-10	Apostelgeschichte 7:20-21 Hebräer 11:23
Hiob und seine Leiden	Sure 21:83-84	Job 1-42	Jakobus 5:10-11
Jona floh nach Ninive vor dem Herrn, der Fisch verschlang ihn	Sure 37:139-148	Jona 1-4	Matthäus 12:40-41
Korak, seine Rebellion und sein Tod	Sure 28:76-81	4 Mose 16	Jude 11

B. Das Zeugnis eines muslimischen Apologeten

Ahmed Deedat, ein muslimischer Apologet aus Südafrika, ist bekannt für seinen vehementen Antagonismus gegenüber der Authentizität der Bibel. Nachdem er mühsam versucht hatte, die Beweise für die Echtheit der Bibel in seinem Buch "Is the Bible God's Word?" zu diskreditieren, was von John Gilchrist eine fähige Antwort erhalten hat, suchte er Beweise aus ebendieser Bibel, um eine historische Grundlage und einen glaubwürdigen Präzedenzfall für Mohammed zu schaffen, als er das erste Kapitel seines Buches "Al-Qu'ran The Ultimate Miracle" beginnt. Er schreibt:

> *Es ist seit jeher ein verbreitetes Merkmal der Menschheit, dass, wenn ein Führer Gottes den Menschen erschienen ist, um den Menschen in den Willen und Plan seines Schöpfers umzulenken, die Menschen, anstatt die Botschaft aus eigener Kraft anzunehmen, sie von diesen Männern Gottes übernatürliche Beweise verlangten.*
>
> *Als Jesus Christus beispielsweise anfing, seinem Volk, „den Kindern von Israel" zu predigen, um ihre Wege zu verbessern, auf den blossen legalistischen Formalismus zu verzichten und den wahren Geist der Gesetze und Gebote Gottes anzunehmen, verlangte sein Volk von ihm ein Wunder, um sein bona fides zu beweisen; so steht es im **Matthäus-Evangelium 12:38-39**: „Einige Schriftgelehrte und Pharisäer traten an Jesus heran und sagten: »Lehrer, vollbringe vor unseren Augen ein Wunder als Beweis dafür, dass Gott dich gesandt hat!« Jesus entgegnete ihnen: »Was seid ihr nur für eine böse und gottlose Generation! Ihr verlangt nach einem Beweis, doch den werdet ihr nicht bekommen. Ihr und eure Zeitgenossen werdet nur das Wunder sehen, das am Propheten Jona geschah."[5]*

---

[5] Ahmed Deedat. " Al-Quran, The Ultimate Miracles", S. 1,2

Obwohl er sich auf den ersten Blick weigerte, ihrer Bitte stattzugeben, lernen wir aus den Erzählungen des Evangeliums, dass er viele Wunder vollbracht hat. Die Bibel ist voll von übernatürlichen Ereignissen, die den Propheten von ihrem Herrn akkreditiert sind. In Wirklichkeit waren all diese "Zeichen" und "Wunder" und "Mirakel" Handlungen Gottes, aber da sie durch seine menschlichen Diener bearbeitet wurden, beschreiben wir sie als Wunder Moses oder Jesu, durch deren Hände sie gewirkt wurden. "Mohammed, der Prophet Gottes, wurde etwa sechshundert Jahre nach Jesus in Makkah in Arabien geboren. Als er im Alter von vierzig Jahren seine Mission verkündete, stellte sein Nachfolger eine identische Bitte um Wunder, wie das Volk Jesu von seinem verheissenen Messias."[6]

C. Das Zeugnis eines Scheichs Ahmad Tijani Bin Omar

Die Anjuman Sunnat Ul Jammat Association (ASJA) war Gastgeber von Scheich Ahmad Tijani Bin Omar aus Ghana, als er in den 80er Jahren die Republik Trinidad und Tobago besuchte. Seine Qualifikationen, wie im Trinidad Guardian beworben, waren beeindruckend. Er war versiert im Koran im Alter von 15, hat einen BA in Islamischer Theologie, ein MSc in Jurisprudenz, ein erstklassiges Zertifikat in Koranlesen, BA in Kunst und Wissenschaft. Er hat auch ein Studium in Massenmedien und Medienrundfunk abgeschlossen, ist Mitglied der Internationalen Organisation für Journalismus, ist Vertreter des Islamischen Kongresses in den USA und erster Direktor der Koran-Institution für Nigeria.

Der muslimische Gastgelehrte Scheich Tijani riet Muslimen, das Zeugnis in der Bibel sorgfältig zu studieren und den Anweisungen

---

[6] Ahmed Deedat. "Is the Bible God's word?", s 7,8

und Beispielen zu folgen, die von Jesus gesetzt wurden, den sie für einen Propheten hielten, der von Allah gesandt worden war, schrieb Heather Madhosingh, auf Seite 11, unter der Überschrift: "All Muslims should study the Bible".

Scheich Tijani zitierte während seiner öffentlichen Vorlesung am Woodford Square, Port of Spain Trinidad, Anfang 1980 aus Nehemia 8 und 9, Offenbarung 7 und 1 Korinther 11, um zu demonstrieren, wie eine Einheit aller Nationen zusammen beten, und um die Kleiderordnung der Anbeter darzulegen."[7]

D. Zeugnis vom Schwarzen Flügel

Trotz gemischter Gefühle und Bedenken in Bezug auf eine rassistische Fraktion im Islam hat das nachfolgende Zeugnis seine Relevanz für die Anhänger von Noble Drew Ali, Elijah Mohammed, Clarence Jowans 13X, Louis Farrakhan und Sayyid Mahdi. Sayyid Al Imaam Isa Al Haadi All Mahdi, Gründer der Ansaarullah Community of America, appelliert sogar an die Bibel, den korrupten Text, um den Anspruch auf seine Mission zu authentifizieren. In seinem Buch "Saint Paul Disciple or Deceiver", in dem er glaubte, Beweise gegen den Apostel Paulus vorgelegt zu haben, verrät er seine eigene Überzeugung. Auf Seite 3 erklärte er, dass Jesus in **Offenbarung 1:1** sagte, er würde "seinen Engel in den letzten Tagen senden" und er, as Sayyid, derjenige sei, von dem Jesus gesprochen habe.

---

[7] Heather Madhuosingh, Trinidad Guardian. "All Muslims should study the Bible", s 11

E. Untersuchen Sie die Zeugnisse

Wenn die Bibel korrupt und kontaminiert wäre, dann müssen Muslime berichtigen, was der Koran über sie lehrt. Als Antwort darauf argumentieren Muslime im Allgemeinen, dass die Passagen aus der Thora, Psalmen und dem Evangelium, auf die im Koran Bezug genommen wird, nicht die gleichen sind, die jetzt von Christen gelesen werden. Die Offenbarungen, auf die im Koran Bezug genommen wird, waren ursprünglich rein und unbelastet. Diese Position gibt jedoch Anlass zu mehreren Bedenken.

1. Die unvermeidliche Frage

Die zuvor gemachten Koranbezüge und -vergleiche führen uns dazu, drei unvermeidliche Fragen zu stellen: Wurde die Bibel <u>vor,</u> <u>während</u> oder <u>nach</u> der Zeit Mohammeds kontaminiert? Erstens ergeben sich Bedenken aus der Lektüre des Korans.

Betrachten wir zunächst dieses wichtige Anliegen aus dem Koran selbst

> *Und Wir haben zu dir das Buch mit der Wahrheit hinabgesandt, das zu bestätigen, was von dem Buch **vor ihm** (offenbart) war, und als Wächter darüber. **(Sure 5:48)***

Die Worte "Beobachter drüber" wurden übersetzt mit "Wächter darüber" in der englischen Übersetzung des Korans von Maulawi Sher' Ali und mit "bewachen" in Abdful-Haqq. Der muslimische Kommentator Al Baidhawi erklärte, wie von W. Muir zitiert, dass sich diese Sure auf die heiligen Bücher bezieht, die vor dem Koran kamen. Der Koran sollte diese früheren Offenbarungen "vor Veränderung bewahren und ihre Wahrheit und Autorität bezeugen". Wenn Baidhawis Interpretation richtig ist, hat dann der Koran darin versagt, frühere Offenbarungen vor Veränderungen zu schützen?

Yusuf Ali schlug in seiner Fussnote (759) zu diesem Vers vor, dass "Bewachung" bedeutet, dass nach der Korruption der vorherigen Offenbarungen der Koran sich selbst zu schützen hatte. Wenn Yusuf Alis Interpretation richtig ist, dann setzt sie voraus, dass die Korruption älterer Offenbarungen vor stattgefunden hat, bevor der Koran „gegeben" wurde.
Wenn die Bibel vor Mohammeds Zeit kontaminiert war, wie kommt es dann, dass der Koran besagt, dass das "Original" von Gott gegeben wurde und dass der Koran spezifische und tatsächliche Vorkommnisse von ihr enthält, die stattgefunden hatten und tatsächlich in einem bestimmten historischen Kontext vor dem Empfang des Koran aufgezeichnet wurden?

Kann der Engel Gabriel aus einem kontaminierten Buch rezitiert haben?

Müssen wir dann davon ausgehen, dass der Engel Gabriel auf Gottes Bitte Mohammed mehrere Verse aus einem kontaminierten Buch vorgetragen hat?

Da wir bereits beobachtet haben, dass der Koran lehrt, die Thora und das Evangelium seien von Gott gegeben, liegt es dann in Gottes Natur, "seinem Volk" zu befehlen, an offenbarte Schriften zu glauben und sich daran zu halten, obwohl sie bereits kontaminiert sind?

> *Sag: O Leute der Schrift, ihr fusst auf nichts, bis ihr die Thora und das Evangelium und das befolgt, was zu euch (als Offenbarung) von eurem Herrn herabgesandt worden ist.* **(Sure 5:68)**

Die Implikationen dieser Studie lassen uns die zweite Frage stellen: War die Bibel während Mohammeds Zeit kontaminiert?

Waren die vorhandenen Kopien zu Mohammeds Zeit korrupt? Wenn die Bibel zu Mohammeds Lebzeiten kontaminiert wurde, während er den Koran empfing, dann muss die folgende Frage gestellt werden:

Warum sollte Mohammed nach einer Kopie einer kontaminierten Thora schicken, um einen Streit beizulegen?

> *Alle Speisen waren den Kindern Isrāʾīls erlaubt ausser dem, was Isrāʾīl sich selbst verbot, bevor die Thora offenbart wurde. Sag: Bringt doch die Thora bei und verlest sie dann, wenn ihr wahrhaftig seid.* **(Sure 3:93)**

Warum wurde die Frage nach der Angemessenheit der Juden aufgeworfen, die Mohammed um Rat fragen, wenn sie ihre eigenen Heiligen Schriften zu konsultieren hatten?

> *Wie aber können sie dich richten lassen, während sie doch die Thora haben, in der das Urteil Allahs (enthalten) ist?* **(Sure 5:43)**

Warum wurden die Christen aufgefordert, nach dem zu handeln, was ihnen offenbart worden war?

> *Und so sollen die Leute des Evangeliums nach dem walten, was Allah darin herabgesandt hat. Wer nicht nach dem waltet, was Allah (als Offenbarung) herabgesandt hat, das sind die Frevler.* **(Sure 5:47)**

Warum wurde den Juden und Christen gesagt, dass sie keine Wegleitung hätten, bis sie die Thora und das Evangelium beachteten?

Sag: O Leute der Schrift, ihr fusst auf nichts, bis ihr die Thora und das Evangelium und das befolgt, was zu euch (als Offenbarung) von eurem Herrn herabgesandt worden ist. **(Sure 5:68)**

Warum wurde Mohammed gesagt, wenn er Zweifel an der Offenbarung habe, die er empfangen hatte, die Juden und die Christen zu konsultieren?

Wenn du über das, was Wir zu dir (als Offenbarung) hinabgesandt haben, im Zweifel bist, dann frag diejenigen, die die Schrift vor dir lesen. **(Sure 10:94)**

Die Übersetzung dieses Verses von Pickthal und die Prüfung der Echtheit seiner englischen Darstellung des Koran, als er in sein Vorwort schrieb.

"Vor der Veröffentlichung wurde das Werk Wort für Wort in Ägypten gründlich geprüft mit Hilfe eines, dessen Muttersprache Arabisch ist, der den Koran studiert hat und Englisch spricht; und wenn Schwierigkeiten auftraten, griff der Übersetzer auf die vielleicht grösste lebendige Autorität zu diesem Thema zurück. Es wurde daher alles getan, um ungerechtfertigte Falschdarstellungen, bei ein oder zwei Gelegenheiten, in denen von der traditionellen Auslegung abgewichen ist, zu vermeiden." [8]

---

[8] Mohammed M. Pickthal. "The Meaning of the Glorious Quran", translator's foreword.

2. *Das Zeugnis weist in die gleiche Richtung.*

Die Implikation, dass ein zweifelnder Prophet die Juden und Christen konsultiert, um seine Zweifel zu klären, hat einige muslimische Kommentatoren sehr beunruhigt. Infolgedessen haben einige als alternative Interpretation vorgeschlagen, dass sich dieser Vers nicht auf Mohammed bezieht, sondern auf all jene, die an seiner Botschaft zweifelten. Das Zeugnis weist immer noch in die gleiche Richtung. Die Juden und Christen sollten konsultiert werden, um Zweifel an der Offenbarung des Propheten zu klären, ist ein Privileg, das Christen willkommen heissen.

Sollten wir die dritte Alternative der Kontaminationstheorie wählen, dass die Kontamination nach der Zeit Mohammeds stattfand? Dann müssen wir Folgendes berücksichtigen:

Was ist mit den Christen, die Muslime wurden, warum haben sie nicht eine Originalkopie der Bibel mit Verweisen auf Mohammed behalten?
Könnte ein Text erstellt werden, um zu zeigen, wie ein Vers tatsächlich vor der Kontamination gelesen wurde?
Man muss bedenken, dass der Islam etwa 600 Jahre nach dem Christentum auftrat, zu einer Zeit, da die christlichen Schriften bereits fertiggestellt und weit verbreitet waren. Christen waren bereits auf der ganzen Welt vertreten. Sollen wir davon ausgehen, dass alle existierenden Versionen und Kopien der Bibel gleichzeitig und universell kontaminiert wurden, ohne dass ein einziger Beweis dafür erhalten blieb? Wie kamen die Juden und Christen, die über den Nahen Osten, Asien, Europa und Nordafrika verstreut waren, zusammen, um dieses zu diesem Kunststück zu vollbringen?

Deedat in "Is the Bible the Word of God?" befürwortet eine andere Theorie als die der Korruption. Er legte nahe, die ursprünglichen Offenbarungen seien vollständig zu ersetzt worden. Er schrieb

> *"Der Tauraat, an den wir Muslime glauben, ist nicht die Thora der Juden und Christen, wir glauben, dass die gegenwärtigen Psalmen, die mit seinem Namen (David) verbunden sind, nicht diese Offenbarung sind, wir glauben aufrichtig, dass alles, was Christus gepredigt hat, von Gott war. Das war der Injeel, die gute Nachricht und die Wegleitung Gottes für die Kinder Israel. Zu seinen Lebzeiten hat Jesus nie ein einziges Wort geschrieben, und er hat auch niemanden angewiesen, dies zu tun. Was heute als "Evangelien" verbreitet ist, sind die Werke anonymer Hände!"*[9]

Da ist es also, ein vollständiger Ersatz der Thora, der Psalmen und des Evangeliums, nicht nur eine Kontamination. Deedat erklärt natürlich, was Muslime glauben. Er liefert jedoch keine Beweise, um diesen Glauben zu untermauern. Er sagt einfach: "Wir Muslime glauben, dass die gegenwärtige Bibel nicht die ist, die von Gott gegeben wurde." Sollte er als guter Lehrer nicht als Beweis die "ursprüngliche" Bibel vorzeigen, an die die Muslime glauben?

Trotz alledem verlangt der Koran von den Muslimen, an die Offenbarung vor dem Koran zu glauben. Wir lesen:

> *O die ihr glaubt, glaubt an Allah und Seinen Gesandten und das Buch, das Er Seinem Gesandten offenbart und die Schrift, die Er zuvor herabgesandt hat. Wer Allah, Seine Engel, Seine Schriften, Seine Gesandten und den Jüngsten Tag verleugnet, der ist fürwahr weit abgeirrt.* **(Sure 4:136)**

---

[9] Ahmed Deedat. "Is the Bible God's word?", Seiten 7,8

John Gilchrist in seiner Antwort auf Deedats "Ist die Bibel das Wort?" bemerkte, dass in Südafrika Aufruhr wütete, als 1978 eine englische Übersetzung des Koran in Umlauf kam. Er schrieb

> *"Es wird nützlich sein, hier auf den Aufruhr zu verweisen, der 1978 unter den muslimischen Führern Südafrikas über die Verbreitung einer englischen Übersetzung des Koran durch Mohammed Asad wütete. Wie bei der Bibel gibt es auch in englischer Sprache zahlreiche verschiedene Übersetzungen des Korans; aber die Reaktion auf Asads Übersetzung war so vehement, dass der Islamische Rat von Südafrika eine öffentliche Erklärung veröffentlichte, die die Verbreitung dieses Buches unter den Muslimen Südafrikas offen entmutigte. Zu keinem Zeitpunkt wurde jemals eine englische Übersetzung der Bibel so drastisch behandelt."[10]*

Während wir mit der Untersuchung fortfahren, ist der Punkt: Kann die ursprüngliche, von Gott gegebene Offenbarung, wie Muslime behaupten, sich einfach in Luft aufgelöst haben? Und können die ursprünglichen reinen Texte durch falsche "verdorbene" ersetzt worden sein, ohne historische Dokumentation von Widerständen von Juden, Christen oder sogar Muslimen, die ursprüngliche Kopie der Bibel zu erhalten?

---

[10] John Gilchrist. "The Textual History of the Quran and the Bible", s 11

3. Das Zeugnis aus dem Koran - ist es zuverlässig?

Ein weiteres Argument aus Deedat's "Ist die Bibel das Wort Gottes?" (Zitat 4) wird von einer ganzen Reihe von Muslimen aufgenommen. Sie glauben, dass das wahre Evangelium (InJeel) gesprochene Botschaften Jesus' war, die er predigte, und nicht die schriftlichen Berichte im Neuen Testament, genannt die Evangelien. Deedat argumentiert: "In seinem Leben hat Jesus nie ein einziges Wort geschrieben und er hat auch niemanden angewiesen, dies zu tun". Der Koran wurde 500 Jahre, nachdem Jesus auf der Erde gelebt und gepredigt hatte, niedergeschrieben. Warum sollte der Koran zu den Christen sagen: "Richte aufgrund dessen, was Gott darin offenbart hat", und wieder haben die Christen keine Wegweisung, bis sie "das Evangelium und die Offenbarung befolgen".

> *Und so sollen die Leute des Evangeliums nach dem walten, was Allah darin herabgesandt hat. Wer nicht nach dem waltet, was Allah (als Offenbarung) herabgesandt hat, das sind die Frevler.* **(Sure 5:47)**

> *Sag: O Leute der Schrift, ihr fusst auf nichts, bis ihr die Thora und das Evangelium und das befolgt, was zu euch (als Offenbarung) von eurem Herrn herabgesandt worden ist.* **(Sure 5:68)**

Deedat argumentiert in "Ultimate Miracle" oft mit Sätzen, wie: "Zum Beispiel, wie im Evangelium aufgezeichnet. Er hat Wunder vollbracht.; "Die Bibel ist voll...". Kurz, ein Mann, der nicht an die Wahrhaftigkeit des Evangeliums glaubt, bestärkt dieses. Es sei denn, er spielt mit seinen Lesern.
Wenn wir das Zeugnis untersuchen, warum sollte ein angeblich eifriger Muslim und bekannter Antagonist des Christentums ein Beispiel aus einem Buch wählen, das von seinen Mitmuslimen als korrupt und kontaminiert angesehen wird, ein Buch, das

angeblich von "anonymen Händen" in der dritten Person verfasst ist, um Ähnlichkeiten mit seinem Heiligen Propheten herzustellen?

F. Die Argumentation von As Sayyid

1. Als Sayyid stellt Jesus falsch dar

Sayyid stellt Jesus falsch dar, als er sagt, Jesus habe gesagt, "er werde "seinen Engel" am letzten Tag senden". Der Vers sagt einfach, dass seinen Dienern gezeigt werde, was bald geschehen müsse.

> *In diesem Buch enthüllt Jesus Christus die Zukunft. Gott gab ihm den Auftrag, seinen Dienern zu zeigen, was nach Gottes Willen schon bald geschehen muss. Christus schickte seinem Diener Johannes einen Engel, der ihm alles übermitteln sollte.* **(Offenbarung 1:1)**

2. As Sayyid ändert die Zeitform des Textes

Als Sayyid ändert die Zeitform des Satzes, um eine zukünftige Referenz unterzubringen. Er sagte, Jesus habe gesagt, er würde "senden", wenn in der Tat der Text besagt, "er schickte".

3. As Asyyids Verwendung von Formulierungen

As Sayyid ist zweifelsohne keine "Flamme des Feuers" **(Hebräer 1:7)**, so war es für ihn notwendig, "seinen Engel" in Anführungszeichen zu setzen, um zu implizieren, dass es kein Geistwesen war, das Jesus tatsächlich gesandt hatte.

4. Historische Fakten

Der Engel der **Offenbarung 1:1** wurde von Jesus zu Johannes auf die Insel Patmos gesandt, nicht auf der Mission, die Menschen zum Islam zu bekehren.

Historisch gesehen wurde das Buch der Offenbarung zwischen 81-96 n. Chr. datiert, fast zweitausend Jahre bevor As Sayyid geboren wurde.
Ahmed Deedat schreibt in seinem Zeugnis vom Koran, dass er "in den letzten vierzehnhundert Jahren perfekt bewahrt und vor menschlicher Manipulation geschützt" worden sei.[11]

Es wird gesagt, dass der Koran auf einer Tafel aufbewahrt und bewacht wird. Wir lesen.

> *Nein! Vielmehr ist es ein ruhmvoller Qurʾān auf einer wohlbehüteten Tafel.* **(Sure 85:21,22)**

Einige Kommentatoren glauben, dass sich dieser Vers buchstäblich auf eine physisch erhaltene Tafel im Himmel bezieht, im Mutterbuch, ein Begriff, der verwendet wird, um die Essenz aller göttlichen Offenbarungen ohne Rücksicht auf Zeit und Raum zu umschreiben, die Codes, die Ihm bekannt, aber von uns nicht verständlich sind.
Yusuf Ali hingegen stellt in der Notiz (6066) seiner Übersetzung des Koran fest, dass dies sich nicht auf ein wörtliches Buch beziehe, sondern "bewahrt und bewacht" bedeute, dass der Koran vor Korruption geschützt oder bewahrt werde. Sollen wir vernünftigerweise glauben, dass Gott aus den beiden zitierten Kommentaren den Koran vor menschlicher Manipulation hätte

---

[11] Ahmed Deedat. "Is the Bible God's word?", S. 7

bewahren, aber seine frühere Offenbarung nicht vor einem ähnlichen Schicksal hätten schützen können?

G. Zeugnis aus dem Evangelium von Barnabas

Obwohl die Urheberschaft des Evangeliums von Barnabas diskutiert wird, wird von muslimischer Meinung, dass dieses Evangelium im ersten Jahrhundert von Barnabas des Neuen Testaments, dem Weggefährten des Paulus, geschrieben wurde (Apg 9,27; 13,2,7: 15:2, 22, 25, 35-37). Darüber hinaus wird angenommen, dass dies die ursprüngliche Neutestamentliche Geschichte darstelle. Sie wurde jedoch unterdrückt und durch das Christentum ersetzt. Selbstverständlich unterstützt das Evangelium von Barnabas eine islamische Position in folgenden Bereichen:

- Prophezeiungen über Mohammeds Kommen und Mission.
- Verleugnung, dass Jesus Gott und Messias sei.
- Ablehnung des Paulusapostelamtes.
- Verleugnung der Kreuzigung Jesu.

Iskandar Jadeed sagt, dass "das Originalmanuskript des gefälschten Evangeliums zum ersten Mal 1709 erschien." Er meint ferner zu dessen Urheberschaft,

"Was auch immer die Ansichten der Gelehrten sein mögen, es ist sicher, dass dieses Buch sich auf die Geschichte Jesu Christi in einer Weise bezieht, die mit den Texten des Koran zusammenfällt und dem wahren Inhalt des Evangeliums widerspricht. Das lässt

uns glauben, dass der Schriftsteller ein Christ war, der den Islam mit offenen Armen empfang."[12]

Interessanterweise wird auf der Titelseite der englischen Übersetzung des Evangeliums von Barnabas von Ragg ein Appell aus Paulus' Schriften ausgesprochen, das Buch angeblich von Barnabas erhalten zu haben. Es zitiert, was Barnabas betrifft, lautet das Gebot: *"Wenn er zu dir kommt, empfange ihn."* **(Kolosser 4:10)**"[13]

Das einzige Problem mit diesem Zeugnis ist, dass Paulus sich nicht auf Barnabas, sondern auf Marcus (Mark) bezog. Paul zeigte einfach Marcus' Beziehung zu Barnabas:

> *Aristarch, der zusammen mit mir im Gefängnis ist, lässt euch grüssen, ebenso Markus, der Vetter von Barnabas. Seinetwegen hatte ich euch ja schon geschrieben. Ich bitte euch noch einmal, ihn freundlich aufzunehmen, wenn er zu euch kommt.* **(Kolosser 4:10)**

Das Evangelium von Barnabas widerspricht dem Koran

Die Frage, ob man dieses Buch akzeptieren kann, ist für Christen kein Thema. Die Frage für die Muslime wäre jedoch zweifellos, warum ein Muslim sich an ein solch falsches Zeugnis wenden würde, wenn es dem Koran widerspricht? Um nur einige in den folgenden Bereichen zu nennen:
In **Sure 19:23** brachte Maria Jesus mit Schmerz hervor. In Kapitel 3 hat das Evangelium von Barnabas Maria Jesus ohne Schmerz hervorgebracht.

---

[12] Iskandar Jadeed. "The Gospel of Barnabas A false Testimony ", Seite 9

[13] Lonsdale und Laura Ragg. "The Gospel of Barnabas", Seite 1

Die Wehen liessen sie zum Palmenstamm gehen. Sie sagte: „O wäre ich doch zuvor gestorben und ganz und gar in Vergessenheit geraten!" **(Sure 19:23)**

"Die Jungfrau war umgeben von einem Licht, das sehr hell war, und brachte ihren Sohn ohne Schmerzen hervor, den sie in ihre Arme nahm und ihn in Wickelkleider wickelte, legte ihn in die Krippe, weil kein Platz in der Gaststätte war. Es kam mit Freude eine grosse Menge von Engeln in die Herberge, segnete Gott und kündigte den Frieden an, die Gott fürchten. Maria und Josef lobten den Herrn für die Geburt Jesu und nährten ihn mit grösster Freude. " **(Evangelium von Barnabas Kapitel 3)**

In Sure **4:171** wird Jesus der Messias genannt. In Kapitel 42 Evangelium von Barnabas sagte Jesus, dass er nicht der Messias sei.

O Leute der Schrift, übertreibt nicht in eurer Religion und sagt gegen Allah nur die Wahrheit aus! al-Masīḥ ʿĪsā, der Sohn Maryams, ist nur Allahs Gesandter und Sein Wort, das Er Maryam entbot, und Geist von Ihm. Darum glaubt an Allah und Seine Gesandten. **(Sure 4:171)**

Da weinten die Jünger nach diesem Reden, und Jesus weinte, als sie viele sahen, die kamen, um ihn zu finden; denn die Obersten der Priester rieten sich untereinander, ihn in seiner Ansprache zu fangen. Darum sandten sie die Leviten und einige der Schriftgelehrten, um ihn zu befragen und zu sagen: Wer bist du? Jesus bekannte und sagte die Wahrheit: "Ich bin nicht der Messias.". **(Evangelium von Barnabas 42)**

In Sure **4:2-4** verschreibt der Koran mehr als eine Frau, unter der Bedingung, dass ihnen Gerechtigkeit getan wird. In Kapitel 115 ist das Evangelium der Barnabas-Polygamie verboten.

*Und wenn ihr befürchtet, nicht gerecht hinsichtlich der Waisen zu handeln, dann heiratet, was euch an Frauen gut scheint, zwei, drei oder vier. Wenn ihr aber befürchtet, nicht gerecht zu handeln, dann (nur) eine oder was eure rechte Hand besitzt. Das ist eher geeignet, dass ihr nicht ungerecht seid. **(Sure 4:2-4)***

"Ein Mann begnügt sich also mit der Frau, die ihm sein Schöpfer gegeben hat, und sie lässt ihn jede andere Frau vergessen." **(Evangelium von Barnabas 115)**

In Sure **18:4-5** erleidet den Zorn Gottes, wer sagt, Gott habe einen Sohn. In Kapitel 102 Evangelium von Barnabas hat Gott sich einen Sohn erwählt.

Unter den vielen Widersprüchen der Bibel und des Koran finden sich weitere fehlerhafte geographische und historische Daten im Evangelium von Barnabas. Die wenigen Zitate, die den Widerspruch des Koran im Evangelium von Barnabas aufzeigen, spiegeln das Dilemma eines Muslims wider. Jadeeds Schlussfrage in "The Gospel of Barnabas. A false Testimony'' von Iskandar Jadeed kann einfach nicht ungehört bleiben. Er fragte:

"Gibt es tatsächlich ein schlimmeres geschmiedetes Zeugnis gegen das Evangelium und den Koran als dieses Zeugnis?" [14]

Falsche Schlussfolgerung. Die Verfasser des Barnabas-Evangeliums und des Evangeliums nach dem Islam haben beide das biblische Evangelium umgeschrieben, um es mit dem Koran in Verbindung zu setzen. Das Ziel dieser Bücher ist es, die Menschen davon zu überzeugen, dass Jesus ein Muslim war und das Kommen Mohammeds vorhergesagt habe.

---

[14] Iskandar Jadeed. "The Gospel of Barnabas. A false Testimony", Seite 9

Es gibt keine Kopien des Evangeliums von Barnabas unter den Schriftrollen vom Toten Meer, in Qumran. Der Inhalt der Schriftrollen vom Toten Meer ist seit vielen Jahren in der British Library in London bekannt, und Sie können selbst erfahren, welche Schriftrollen entdeckt wurden, indem Sie in eine grössere Bibliothek gehen und ein Buch zu diesem Thema lesen. Es gibt zwei Manuskripte des Evangeliums von Barnabas, die beide erst aus dem späten 16. oder frühen 17. Jahrhundert stammen, wobei eine auf Italienisch und die andere auf Spanisch geschrieben wurde. Das spanische Manuskript ist nun verloren, sein Text ist nur noch in einer teilweisen Abschrift aus dem 18. Jahrhundert erhalten.[15]

Dass kein Teil des Evangeliums von Barnabas unter den Schriftrollen des Toten Meeres gefunden wurde, ist wichtig, weil einige Muslime Bilder der Schriftrollen vom Toten Meer auf dem Umschlag ihrer Ausgaben des Evangeliums von Barnabas abbilden. Ist dies ein Versuch, die Menschen zu täuschen und suggerieren, das Evangelium sei von Barnabas ein altes Dokument?[16]

Das Evangelium von Barnabas ist kein authentisches Evangelium Jesu. Der Autor des Evangeliums von Barnabas versteht die Sprache, Geschichte oder Geographie des 1. Jahrhunderts n. Chr. nicht, und es gibt keine historischen Hinweise darauf, dass das Buch älter ist. Die textimmanten Beweise des Buches legen nahe, dass es im 14. Jahrhundert geschrieben wurde, und es gibt muslimische Gelehrte, die mit dieser Datierung einverstanden sind. Ist es möglich, dass das Buch eine Neufassung der biblischen Evangelien ist, wahrscheinlich von einem Muslim, der Jesus als

---

[15] F.P. Cotterell. "Das Evangelium von Barnabas", Vox Evangelica 10 (1977): 43–47.
[16] Ibid Iskandar Jadeed. *"Das Evangelium von Barnabas. Ein falsches Zeugnis"*, Ter Guter Weg, Schweiz Seite 6, nicht Datiert.

Muslim darstellen wollte, der den Islam lehrte und das Kommen Mohammeds vorhersagte? Diese Art des Umschreibens wurde andernorts von Muslimen im Evangelium nach dem Islam durchgeführt. Es ist eine Schande für islamische Führer, Zeugnisse zu fälschen, solche falschen Schriften zu veröffentlichen, zu fördern und zu verbreiten. Es ist falsch, eine solche bewusste Verwirrung zu schaffen, wohl wissend, dass sie einer Prüfung nicht standhalten wird.

Muslime nehmen gern an, dass dieses Evangelium von Barnabas in der christlichen Welt nur wegen seines islamischen Charakters angeprangert wurde. Tatsächlich ist dies der einzige Grund, warum es so viel Öffentlichkeit in der muslimischen Welt angezogen hat. Die äusseren und textimmanenten Zeugnisse liefern nur Gründe für seine Ablehnung. Sie beweisen schlüssig, dass es erst vor wenigen Jahrhunderten als bewusste Fälschung zusammengestellt wurde, um sowohl koranbasierte als auch traditionelle muslimische Dogmen auf das Leben Jesu aufzuzwingen, wie es in den vier echten Evangelien von Matthäus, Markus, Lukas und Johannes beschrieben wird. Im Gegensatz zu diesen Büchern, die jeweils zwischen zwanzig und vierzig Seiten umfassen, ist das Evangelium von Barnabas 273 Seiten lang.

Ein grosser Teil seiner Lehre wiederholt die biblische Lehre, obwohl sie an die islamischen Vorlieben angepasst ist. Hier ein Beispiel: Als zehn Aussätzige von Jesus geheilt wurden, war der einzige, der zurückkehrte, ein Samariter, der ihm zu Füssen fiel und ihm Dank gab **(Lukas 17:16)**. Das Evangelium von Barnabas sagt, er sei ein Ismaelite gewesen! Der Rest seiner Lehre besteht aus legendhaften und phantasievollen Geschichten und erfundenen Lehren Jesu ohne historische Beweise, die ihnen zugrunde liegen und denen es an geistiger oder theologischer Glaubwürdigkeit mangelt.

KAPITEL VIER - DER ISLAM ABRAHAMS

A. Das Zeugnis der Koran-Referenzen

Betrachten wir das Zeugnis, das verwendet wird, um die Ansicht zu unterstützen, dass der Prophet Mohammed kam, um die Religion Abrahams wiederzubeleben:

O Leute der Schrift, warum streitet ihr über Ibrāhīm, wo die Thora und das Evangelium erst nach ihm (als Offenbarung) herabgesandt worden sind? Begreift ihr denn nicht? Ihr da seid es doch, die ihr über etwas gestritten habt, wovon ihr Wissen habt; warum streitet ihr nun aber über etwas, wovon ihr kein Wissen habt? Allah weiss, ihr aber wisst nicht. Ibrāhīm war weder ein Jude noch ein Christ, sondern er war Anhänger des rechten Glaubens, einer, der sich Allah ergeben hat, und er gehörte nicht zu den Götzendienern. **(Sure 3:65-67)**

Wer hätte eine bessere Religion, als wer sein Gesicht Allah hingibt und dabei Gutes tut und dem Glaubensbekenntnis Ibrāhīms folgt, (als) Anhänger des rechten Glaubens? Und Allah nahm sich Ibrāhīm zum Freund. **(Sure 4:125)**

Und hierauf haben Wir dir (als Offenbarung) eingegeben: „Folge dem Glaubensbekenntnis Ibrāhīms, (als) Anhänger des rechten Glaubens, und er gehörte nicht zu den Götzendienern." **(Sure 16:123)**

Er hat euch von der Religion festgelegt, was Er Nūḥ anbefahl und was Wir dir (als Offenbarung) eingegeben haben und was Wir Ibrāhīm, Mūsā und ʿĪsā anbefahlen: Haltet die (Vorschriften der) Religion ein und spaltet euch nicht darin (in Gruppen). **(Sure 42:13)**

Muslime glauben im Allgemeinen, dass die Bibel Prophezeiungen über ihren Propheten enthält. Eine dieser Passagen findet sich in

Ich will ihnen auch in Zukunft einen Propheten senden wie dich, einen Mann aus ihrem Volk. Ihm werde ich meine Worte eingeben, und er wird sie den Israeliten mitteilen. **(5 Mose 18:18)**

Deedat versuchte in seinem Buch "What the Bible Says about Mohammed" ein vergleichendes Argument aus acht Punkten, um zu beweisen, dass sich diese Prophezeiung auf Mohammed und nicht auf Jesus bezog. (Ungeachtet dessen hat er uns bereits in "Is the Bible God's word" gesagt, dass Muslime nicht an den Tauraat der Juden und Christen glauben.) Sein sechster Punkt war "Keine neuen Gesetze". Er sagte:

"Moses und Mohammed brachten neue Gesetze und neue Vorschriften für ihr Volk. Moses gab den Israeliten nicht nur die zehn Gebote, sondern ein sehr umfassendes zeremonielles Gesetz zur Führung seines Volkes. Mohammed kommt zu einem Volk, das von Barbarei und Ignoranz durchdrungen ist. Sie heirateten ihre Stiefmütter; sie begruben ihre Töchter lebendig; Trunkenheit, Ehebruch, Götzendienst und Glücksspiel waren an der Tagesordnung."[17]

Nun, wenn Sie diese beiden muslimischen Zeugnisse zusammenstellen, (1) Mohammed kam, um die Religion Abrahams wiederzubeleben, und (2) **5 Mose 18:18** beziehe sich auf Mohammed nicht Jesus, dann ist ein interessantes Dilemma zu erkennen.

Lassen Sie mich die Fakten wiederholen: Mohammed ist gekommen, um die Religion Abrahams wiederherzustellen; eine Religion der Unterwerfung unter Gott, aber vor allem eine Religion des Glaubens. Doch gleichzeitig wird Mohammed mit Moses verglichen, dessen Religion auch die der Unterwerfung

---

[17] Ahmed Deedat. "Was die Bibel über Mohammed sagt", Seite 10, 11

unter Gott war, aber im Grunde genommen eine Rechtsreligion. In der Bibel heisst es:

Durch Mose gab uns Gott das Gesetz mit seinen Forderungen, aber nun ist uns durch Jesus Christus seine Gnade und Wahrheit begegnet. (Johannes 1:17)

Moses brachte uns das Gesetz und Jesus Gnade und Wahrheit, um Gottes Erlösungsplan voranzubringen. Nun wird uns aber gesagt, dass Mohammed das Gesetz wieder gebracht hat, wie Moses. Konsequenterweise kann dies kaum als prophetischer Fortschritt, sondern als prophetischer Rückschritt betrachtet werden. Ein Rückfall in den Legalismus von 1.500 Jahren v. Chr. Der Islam oder die Unterwerfung Abrahams war eine Ergebung vor Gott, die nicht durch gute Werke des Gesetzes, sondern durch den Glauben allein gerechtfertigt war. Abraham unterwarf sich dem Bund Gottes durch Glauben, durch Beschneidung. Es war ein Bund der Verheissung, der Abraham durch Glauben und nicht durch Werke des Gesetzes rechtfertigte, im Gegensatz zum Sinai-Bund, der ein Gesetzesbund war, 430 Jahre nachdem Abraham vor Gott rechtschaffen war. Abraham wird ein Freund Gottes genannt, kein Sklave, wie Muslime sich selbst sehen. Der Apostel Paulus hat dies artikuliert:

Dass aber niemand durch das Gesetz Anerkennung bei Gott finden kann, ist ebenfalls klar. Denn in der Schrift heisst es an einer anderen Stelle: »Nur der wird Gottes Anerkennung finden und leben, der ihm vertraut.«

Liebe Brüder und Schwestern! Ich möchte einmal ein ganz alltägliches Beispiel gebrauchen. Ist ein Testament einmal ausgefertigt und rechtsgültig, dann kann niemand etwas hinzufügen oder gar das Testament selbst für ungültig erklären. 16So ist es auch mit Gottes Zusagen an Abraham. Betrachten wir sie genauer, dann stellen wir fest: Gott gab sein Versprechen

Abraham und seinem Nachkommen. Es heisst nicht: »Abraham und seinen Nachkommen«, als ob viele gemeint wären. Gott sagt ausdrücklich: »deinem Nachkommen«, also einem Einzigen. Dieser Eine ist Christus. Ich will damit Folgendes sagen: Gottes Versprechen an Abraham ist rechtsgültig wie ein Testament, und das Gesetz von Mose, das erst 430 Jahre später gegeben wurde, ändert daran nichts. Gottes Versprechen wird deshalb nicht ungültig. Würde Gott jetzt aber den Empfang des Erbes von der Erfüllung des Gesetzes abhängig machen, so wäre sein früheres Versprechen aufgehoben. Aber Gott hat Abraham das Erbe ausdrücklich ohne jede Bedingung zugesagt. Was aber soll dann überhaupt das Gesetz? Gott hat es zusätzlich gegeben, damit wir das Ausmass unserer Sünden erkennen. Dieses Gesetz – von den Engeln durch den Vermittler Mose zu uns gebracht – sollte auch nur so lange gelten, bis der Nachkomme von Abraham da wäre, an dem Gott sein Versprechen erfüllen wollte. Bei dieser Zusage war kein Vermittler notwendig, sondern Gott, der Eine, hat selbst zu Abraham gesprochen. Soll man nun daraus schliessen, dass Gottes Zusagen und das Gesetz einander widersprechen? Auf keinen Fall! Das Gesetz, das Gott uns gegeben hat, kann uns ja schliesslich kein neues Leben schenken. Nur dann käme unsere Anerkennung vor Gott tatsächlich durch die Erfüllung des Gesetzes. (Galater 3:11, 15-21)

Daher könnte jede Wiederherstellung der Religion Abrahams niemals ein anderer Code von Gesetzen sein, wie Moses' Gesetze, die den Schuldigen Strafe und Tod brachten. Haqq nennt die Unterwerfung Abrahams unter Gott "weg von Freundschaft und liebevoller Unterwerfung unter Gott und nicht eine blosse Unterwerfung aus Angst vor Strafe oder der Hoffnung auf Belohnung nach dem Gesetz".[18]

---

[18] Abdiyah A Abdul-Haqq. "Sharing your faith with a Muslims", Seite 111

B. War Ismael oder Isaak der Sohn der Verheissung?

Ein Artikel erschien im Trinidad Guardian am 7. Juni 1988 unter der Überschrift "It was Ishmael, say 900 million Muslims", der die Gefühle der Muslime auf der ganzen Welt widerspiegelt.

Die Studie hier ist, ob es Ismael oder Isaak war, der geopfert werden sollte, als Gott den Glauben Abrahams prüfte. Es wird deutlich gemacht, dass die gesamte muslimische Bevölkerung der Welt, die etwa 1 Milliarde Einwohner zählt, die Ansicht vertritt, dass es Ismael und nicht Isaak der Sohn der Verheissung war.

Die Worte, die in der Bibel in Genesis erwähnt werden, sind:

> *"Nehm deinen Sohn, deinen einzigen Sohn, ich werde dich sicherlich segnen und deine Nachkommen so zahlreich machen wie die Sterne am Himmel und Sand am Meer." (Genesis 22:17)*

Abu Khan behauptet, dass der einzige Sohn und der erste von Abraham geborene zweifellos Ismael war und zu dieser Zeit Isaak noch nicht geboren worden war. Daher ist der Erstgeborene berechtigt, die Segnungen Abrahams zu erhalten.

Der Heilige Koran sagt:

> *Ibrāhīm war weder ein Jude noch ein Christ, sondern er war Anhänger des rechten Glaubens, einer, der sich Allah ergeben hat, und er gehörte nicht zu den Ehebrechern und Götzendienern. (Sure 3:67)*

Abu Khan schrieb: *"Nach dem obigen Vers wurde der Islam Tausende von Jahren gepredigt, bevor der Heilige Prophet des Islam in dieser Welt erschien."*[19]

Es ist offensichtlich, dass Herr Khan die Bibel nicht konsultiert hat, bevor er seinen Artikel schrieb. Man fragt sich, warum er sich die Zeit nahm, das Kapitel und die Verse im Koran zu identifizieren, aber die gleiche Sorgfalt wurde nicht mit dem biblischen Verweis in seinem Artikel angedeutet. Die Schriftstelle, über die wir nachdenken, findet sich in **Genesis 22:1-3**. Sie lautet:

> *Einige Zeit später stellte Gott Abraham auf die Probe. »Abraham!«, rief er. »Ja, Herr?« »<u>Geh mit deinem **einzigen Sohn Isaak**</u>, den du so sehr liebst, in die Gegend von Morija. Dort zeige ich dir einen Berg. Auf ihm sollst du deinen Sohn Isaak töten und als Opfer für mich verbrennen!« Am nächsten Morgen stand Abraham früh auf und spaltete Holz für das Opferfeuer. Dann belud er seinen Esel und nahm <u>seinen Sohn Isaak</u> und zwei seiner Knechte mit. Gemeinsam zogen sie los zu dem Gebirge, das Gott Abraham genannt hatte.* **(Genesis 22:1-3)**

Genesis 21:1-5 berichtet über die Geburt Isaaks. Zwar weist **Genesis 22** nicht auf die Zeit zwischen seiner Geburt und dem Tag hin, an dem er geopfert werden sollte, aber da Gott Abraham befahl, ihn zu opfern, war offensichtlich da.

In seinem Buch "What the Bible says about Muhammad" argumentiert Deedat, dass sich der Ausdruck "aus ihrer Mitte" in **5 Mose 18:18** nur auf Ismael und die Araber beziehen könne, da Ismael, der erstgeborene Abraham, der einzige Sohn Abrahams sei. Unter der Überschrift "Ishmael the First Born" auf den Seiten 12 und 13 schrieb Deedat:

---

[19] Abu Khan, Trinidad Guardian. "It was Ishmael, Say 900 m Muslims", Seite 8

Die Bibel spricht von Abraham als „dem Freund Gottes." Abraham hatte zwei Frauen, Sarah und Hagar. Hagar gebar Abraham einen Sohn, seinen Erstgeborenen und Abraham nannten seinen Sohn, den Hagar geboren hatte, Ismael. (Genesis 16:15) Und Abraham nahm Ismael, seinen Sohn. (Genesis 17:23) Und Ismael, sein Sohn, war dreizehn Jahre alt, als er im Fleisch seiner Vorhaut beschnitten wurde. (Genesis 17:25) Bis zum Alter von dreizehn war Ismael der einzige Sohn und Same Abrahams, als der Bund zwischen Gott und Abraham ratifiziert wurde. Gott gab Abraham einen weiteren Sohn durch Sarah, genannt Isaak, der viel jünger als sein Bruder Ismael war. "[20]

Was Deedat dem Leser enthielt, wäre für sein eigenes Argument verheerend. Er hoffte einfach, dass die Leser alles übersehen, was Gott Abraham gesagt hat, als der Bund in **Genesis 17** ratifiziert wurde. Was zeigt der Beweis?

Die Bibel berichtete, dass Ismael Abraham im Alter von 86 Jahren geboren wurde.

*Hagar ging wieder zurück. Sie bekam einen Sohn, und Abraham nannte ihn Ismael. Abraham war zu der Zeit 86 Jahre alt. **(Genesis 16:15,16)***

Dreizehn Jahre später besuchte Gott Abraham, um den Bund zu ratifizieren, den er mit ihm geschlossen hatte.

*Als Abram 99 Jahre alt war, erschien ihm der HERR und sagte zu ihm: »Ich bin der allmächtige Gott. Geh deinen Weg mit mir und lebe so, wie es in meinen Augen recht ist. 2 Ich will zu meinem Bund mit dir stehen und dir unzählbar viele Nachkommen schenken.« **(Genesis 17:1,2)***

---

[20]Ahmed Deedat. "What the Bible says about Muhammad", Seiten 12, 13

Deedat hatte Recht, als er sagte, dass bis zum Alter von dreizehn Ismael der Sohn und Samen Abrahams war, als der Bund ratifiziert wurde. Er machte jedoch einen schrecklichen Fehler, indem er davon ausging, dass er den Geist seiner Leser so voreingenommen sei, dass sie die spezifischen Dinge, die Abraham gesagt wurden, als der Bund von Gott ratifiziert wurde, nicht sorgfältig prüfen würden:

Dann sagte Gott: »Auch deine Frau soll einen anderen Namen erhalten: Nenne sie nicht mehr Sarai, denn von nun an heisst sie Sara (›Fürstin‹). Ich werde sie reich beschenken; auch **sie wird einen Sohn von dir empfangen.** *Mein Segen bedeutet noch mehr: Sie soll die Stammmutter zahlreicher Völker werden, und Könige werden von ihr abstammen!« Da warf Abraham sich erneut zu Boden – aber im Stillen lachte er in sich hinein. Er dachte: »Wie kann ich mit 100 Jahren noch einen Sohn zeugen? Und Sara ist schon 90, wie kann sie da noch Mutter werden?« Laut sagte er dann zu Gott: »Wenn nur Ismael am Leben bleibt! Lass doch ihn deinen Segen erfahren!« »Nein, so habe ich es nicht gemeint«, entgegnete Gott,* **»sondern deine Frau Sara wird einen Sohn bekommen! Gib ihm den Namen Isaak (›Gelächter‹)! Mit ihm werde ich meinen Bund aufrechterhalten, und für seine Nachkommen wird der Bund ebenfalls gelten.** *In alle Ewigkeit bleibt er bestehen. Aber auch deine Bitte für Ismael will ich erfüllen. Ja, ich werde ihn segnen und ihm unzählige Nachkommen schenken. Zwölf Fürsten sollen von ihm abstammen, und er wird der Stammvater eines grossen Volkes werden.* **Trotzdem werde ich meinen Bund mit Isaak schliessen;** *nächstes Jahr um diese Zeit wird Sara Mutter werden.« Nachdem Gott dies gesagt hatte, erhob er sich zum Himmel.* **(Genesis 17:15-22)**

Lassen Sie die Aufzeichnung Abrahams Besorgnis in Vers 18 zeigen. Im Wesentlichen: " Lass doch ihn deinen Segen (des Bundes) erfahren!" Beachten Sie Gottes Antwort:

Aber auch deine Bitte für Ismael will ich erfüllen. Ja, ich werde ihn segnen und ihm unzählige Nachkommen schenken.... Trotzdem werde ich meinen Bund mit Isaak schliessen; nächstes Jahr um diese Zeit wird Sara Mutter werden.« **(Genesis 17:20-21)**

Nach der Bibel soll Ismael gesegnet werden. Isaak wäre jedoch der einzige Sohn, mit dem Gott seinen Glaubensbund schliesst.

Ein Artikel zu diesem Thema wurde 1990 in einer Lokalzeitung aus Trinidad und Tobago gefunden, Seite 28 von Dr. Waffie Mohammed, Direktor von RABITA, mit dem Titel "The Truth About Islam and Isaac". Er wurde offenbar von der National Muslim Youth Organisation gesponsert. Dr. Mohammed sprach das Thema jedoch aus einer anderen Perspektive an, die Diskussion führt zu der gleichen Schlussfolgerung. In seinem Artikel gibt es im Grunde drei starke Anschuldigungen an das Christentum:

Christen hätten bewusst viele Verse in der Bibel übersehen, um den Glauben zu rechtfertigen, Ismael sei nicht das erste legitime Kind Abrahams und folglich nicht dasjenige, das geweiht worden sei, geopfert zu werden.

Christen vermieden den Verweis auf Ismael nach dem Prinzip aus **5 Mose 21:15-17**, indem sie behaupten, dass Hagar nicht wirklich eine Frau Abrahams war.

Die Verfasser der Bibel hätten bewusst alle zukünftigen Ereignisse über Ismael ausgelassen, weil Hagar eine farbige Frau gewesen sei und die Nachkommen von Ismael die Muslime seien, deren Zentrum für die jährliche Wallfahrt die Kaaba sei, ein schwarzer Stein.

Erstens: **5 Moses 21:15-17** lautet:

Wenn ein Mann zwei Frauen hat, kann es vorkommen, dass er die eine liebt und die andere nicht. Beide haben einen Sohn geboren, die Ungeliebte zuerst. Wenn der Mann später das Erbe aufteilt, darf er nicht den Sohn der geliebten Frau zum Erstgeborenen erklären und den Älteren benachteiligen. Er muss den Sohn der ungeliebten Frau als Erstgeborenen anerkennen und ihm doppelt so viel von seinem Eigentum vererben wie dem jüngeren Sohn. Sein ältester Sohn besitzt für immer alle Rechte des Erstgeborenen. **(5 Mose 21:15-17)**

Doktor Waffie zitiert dann den späteren Teil von **Genesis 16:3** und kommentiert, Ismael sei nach diesem Vers der erste Sohn und das erste Kind Abrahams gewesen, und bemerkt weiter:

Also brachte Hagar, die verhasste Frau, den ersten Sohn Abrahams zur Welt, der den Beginn der Übertragung seiner Stärke und Nachkommenschaft markierte. Nun steht fest, dass Ismael, der erstgeborene Sohn Abrahams, in den Augen des Herrn einen rechtlichen, religiösen und spirituellen Status hat. Mal sehen, wie es weitergeht.[21]

Da Dr. Waffie vorschlägt, dass wir sehen sollten, was passiert, hätte man erwartet, dass er sich an die unmittelbaren Bibelstellen wenden würde, die über das nächste bedeutende Ereignis oder die Entwicklung in Bezug auf Ismael sprechen. Er scheint jedoch **Genesis 17**, eine der wichtigsten Entwicklungen und Ereignisse im Leben Abrahams, bewusst ignoriert zu haben und kommt zu **Genesis 21:15-16**. Wir zitieren **Genesis 17:15-22** mit Nachdruck:

Dann sagte Gott: »Auch deine Frau soll einen anderen Namen erhalten: Nenne sie nicht mehr Sarai, denn von nun an heisst sie

---

[21] Waffie Mohammed, T N T Mirror. "The Truth About Ishmael and Isaac", Seite 28

Sara (›Fürstin‹). Ich werde sie reich beschenken; auch sie wird einen Sohn von dir empfangen. Mein Segen bedeutet noch mehr: Sie soll die Stammmutter zahlreicher Völker werden, und Könige werden von ihr abstammen!« Da warf Abraham sich erneut zu Boden – aber im Stillen lachte er in sich hinein. Er dachte: »Wie kann ich mit 100 Jahren noch einen Sohn zeugen? Und Sara ist schon 90, wie kann sie da noch Mutter werden?« Laut sagte er dann zu Gott: »Wenn nur Ismael am Leben bleibt! Lass doch ihn deinen Segen erfahren!« »Nein, so habe ich es nicht gemeint«, entgegnete Gott, »sondern deine Frau Sara wird einen Sohn bekommen! Gib ihm den Namen Isaak (›Gelächter‹)! Mit ihm werde ich meinen Bund aufrechterhalten, und für seine Nachkommen wird der Bund ebenfalls gelten. In alle Ewigkeit bleibt er bestehen. Aber auch deine Bitte für Ismael will ich erfüllen. Ja, ich werde ihn segnen und ihm unzählige Nachkommen schenken. Zwölf Fürsten sollen von ihm abstammen, und er wird der Stammvater eines grossen Volkes werden. Trotzdem werde ich meinen Bund mit Isaak schliessen; nächstes Jahr um diese Zeit wird Sara Mutter werden.« Nachdem Gott dies gesagt hatte, erhob er sich zum Himmel. **(Genesis 17:15-22)**

Zweiter Vorwurf: Christen versuchten, den Verweis auf Ismael nach dem **5 Mose-Prinzip 21:15-17** zu vermeiden, indem sie leugnen, Hagar sei wirklich nicht Abrahams Frau gewesen. Nun ist jeder Christ, der ein falsches Zeugnis gab, dass Hagar keine Frau Abrahams war, mit der klaren Aussage in der Bibel und dem Brauch, wie er in Abrahams Tagen zu finden war, nicht vertraut:

Und Sarai gab ihm die Ägypterin Hagar zur Nebenfrau, die ihr als Sklavin diente. Sie lebten zu der Zeit schon zehn Jahre im Land Kanaan. **(Genesis 16:3)**

Was nun das Prinzip in **5 Mose 21:15-17** betrifft, so versuchen Christen zu vermeiden, dass Ismael unter diesem Prinzip war.

Lassen Sie uns die implizierte Behauptung von Dr. Waffie zur Kenntnis nehmen.

Der Koran in **Sure 3:65, 67** besagt:

> *O Leute der Schrift, warum streitet ihr über Ibrāhīm, wo die Thora und das Evangelium **erst nach ihm** (als Offenbarung) herabgesandt worden sind? Begreift ihr denn nicht?*
>
> *Ibrāhīm war <u>weder ein Jude noch ein Christ</u>. **(Sure 3:65, 67)***

Doch Doktor Waffie möchte, dass Abraham, ein Nichtjude, ein Mann, der durch den Glauben und nicht durch Werke des Gesetzes gerechtfertigt war, der lange bevor er das Gesetz empfangen hatte, unter das Gesetz gestellt und durch die Gesetze Moses gerichtet wurde, eine Rechtsprechung offenbart, aufgeschrieben und institutionalisiert 430 Jahre, bevor Moses tatsächlich lebte!

Drittens: Es wäre eine elementare Aufgabe, den dritten Vorwurf einfach als letzten schwachen Versuch abzutun, die Wahrheit zu diskreditieren. Die von Dr. Waffie wiedergegebenen Vorwürfe und Erklärungen bedürfen jedoch auf jeden Fall einer Antwort. Nachdem er sich auf **Genesis 21:15-19** bezogen hatte, sagte er

> *"Man hätte erwartet, dass man in der Bibel über die Erfüllung der Prophezeiungen über Ismael gelesen hätte. Aber bis auf die Namen seiner Söhne und seinen Tod haben die Kompilierer bewusst alle zukünftigen Ereignisse über Ismael ausgelassen. Ist er wirklich Vater einer grossen Nation geworden? Wenn nicht, was*

wurde aus ihm? Es gibt keine Aufzeichnung in der Bibel. Dieses Versäumnis war offenbar absichtlich."[22]

Wir werden die biblischen Beweise über Ismael und seine Nachkommen vor und nach Genesis 21 untersuchen, um die Richtigkeit der Anschuldigungen von Doktor Waffie zu testen.

C. Schriftverweise auf Ismael und seine Nachkommen

1. Er wurde von Hagar empfangen. **(Genesis 16:4)**

2. Hagar verachtete Sarah, als sie merkte, dass sie schwanger war. **(Genesis 16:4)**

3. Sarah machte Abraham darauf aufmerksam. Abraham sagte Sarah jedoch, dass Hagar ihre Sklavin sei und sie mit ihr tun könne, wie sie es wollte. **(Genesis16:6)**

4. Sarah begann, Hagar so sehr zu misshandeln, dass diese schliesslich wegrannte. **(1. Moses 16:6)**. Dr. Waffie fügt fälschlicherweise an, dass Hagar zu diesem Zeitpunkt verbannt worden war, wenn er schreibt:

   "Also beschloss Sarah, Hagar zu bestrafen, und Gott allein weiss, welches Leiden Hagar von Sarah erfahren haben muss. So wurde eine Entscheidung zur Verbannung Hagars beschlossen. Wurde

---

[22] Waffie Mohammed, T N T Mirror. "The Truth About Ishmael and Isaac", Seite 28

Hagar als Ausgestossene vertrieben oder wurde sie für immer zerstört?"[23]

In Genesis wurde Hagar zu diesem Zeitpunkt nicht verbannt, im Gegensatz zu dem, was Dr. Waffie sagte. Es wurde keine Entscheidung getroffen oder abgeschlossen, Hagar zu verbannen. Hagar rannte davon. Sie gab dies zu **(Genesis 16:8).**

*Der Engel des HERRN fand sie an einer Wasserstelle in der Wüste auf dem Weg nach Schur 8 und fragte sie: »Hagar, du Sklavin von Sarai, woher kommst du und wohin gehst du?« »Ich bin auf der Flucht vor meiner Herrin Sarai«, antwortete sie. **(Genesis 16:7-8)***

5. Der Engel traf Hagar und erzählte ihr vier Dinge **(Genesis 16:11, 12):**
    i.   Sie solle zurückkehren und sich Sarah unterwerfen.
    ii.   Er würde ihren Samen in unzählbarer Menge vermehren.
    iii. Sie sei schwanger mit einem Knaben, und er solle Ismael heissen.
    iv.   Er wäre ein wilder Mann.
    - Seine Hand werde sich gegen jeden erheben.
    - Jeder werde gegen ihn sein.
    - Er werde in der Gegenwart seiner Brüder wohnen.

6. Abraham wurde gesagt, dass Ismael **(Genesis 17:20):**
    i.   Gesegnet sei.
    ii.   Fruchtbar sei.
    iii. Sich überaus multiplizieren werde.
    iv.   zwölf Prinzen von ihm kommen würden.
    v.   der Gründer einer grossen Nation sei.

---

[23] Ibid s 28

Offensichtlich kehrt Hagar zurück und unterwirft sich Sarah. Allerdings wird Ismael beim Entwöhnungsfest für Isaak gesehen, wie er Isaak verspottet. Es war an diesem Punkt, nicht vorher, dass das Verhalten von Ismael in der Vertreibung von Hagar und ihrem Sohn gipfelte. Das betrübte Abraham sehr. Wir müssen jedoch Gottes Antwort zur Kenntnis nehmen.

> *Isaak wuchs heran, und als Sara aufhörte, ihn zu stillen, feierte Abraham mit seinen Leuten ein grosses Fest. Sara bemerkte, wie Ismael – der Sohn von Abraham und der Ägypterin Hagar – sich über Isaak lustig machte. Darüber wurde sie sehr zornig und bedrängte Abraham: »Jage diese Sklavin und ihren Sohn fort! Ich will nicht, dass mein Sohn Isaak mit ihm das Erbe teilen muss!« Abraham war damit gar nicht einverstanden, denn schliesslich war auch Ismael sein Sohn. Aber Gott sagte zu ihm: „Sträube dich nicht dagegen, den Jungen und die Sklavin wegzuschicken! Tu alles, was Sara von dir fordert, **denn nur die Nachkommen deines Sohnes Isaak werden das auserwählte Volk sein!"** (Genesis 21:8-12)*

Gott versichert Abraham dann, dass er nicht bedrängt werden solle, weil Ismael zu einer grossen Nation gemacht werden werde. **(Genesis 21:13)**

Der Engel des Herrn besuchte Hagar ein zweites Mal in der Wildnis und versicherte ihr, dass sie und der Junge nicht sterben würden. Er werde eine grosse Nation sein. **(Genesis 21:15-19)**

An diesem Punkt behauptet Dr. Waffie, dass es eine absichtliche Unterlassung aller zukünftigen Ereignisse über Ismael gegeben habe. Es gebe keine Aufzeichnung in der Bibel, erklärt er.

Gott war mit Ismael, als er aufwuchs, er lebte in der Wüste und wurde ein Bogenschütze. **(Genesis 21:20)**

Er wohnte in der Wüste Paran, und seine Mutter fand ihme eine Frau aus Ägypten. **(Genesis 21:21)**

Zur Beerdigung seines Vaters Abraham kehrt er nach Hause zurück. **(Genesis 25:9)**

Zwölf Prinzen wurden von ihm geboren. **(Genesis 25:13-15)**

Sein Tod wird aufgezeichnet. Er starb im Alter von 137 Jahren. **(Genesis 25:17)**

Die geographische Lage der Wohnung seiner Nachkommen, wenn angegeben. **(Genesis 25:18)**

Esau heiratete Ismaels Tochter. **(Genesis 28:9)**

Vier Herzöge wurden ihnen geboren. **(Genesis 36:10, 13, 17)**

Die Ismaeliten waren wohlhabende Kaufleute, die mit Ägypten handelten. **(Genesis 37:25)**

Sie waren in den Sklavenhandel verwickelt. **(1. Moses 37:27,28; 39:1)**

Ihr Reichtum zur Zeit Gideons, des 5. Richters Israels, war weit bekannt. **(Richter 8:24)**

Zur Zeit der Monarchie waren die Ismaeliten Teil einer Konföderation, die Israel davon abschnitt, eine Nation zu sein, wobei ihr erklärtes Ziel darin bestand, dass Israels Name nicht mehr in Erinnerung bleibe. **(Psalm 83:1-8)**

Schliesslich stellte Dr. Waffie sehr früh im Artikel eine äusserst wichtige Frage:

> *"Hat der Koran der Offenbarung widersprochen, die vor ihm kam? Hat der Koran sogar den vorliegenden Versionen und Übersetzungen der Bibel zu diesem Thema widersprochen?" Seine Antwort war nein.* [24]

Aufgrund der Forschungsmethode von Dr. Waffie und der vorgefassten Voreingenommenheit beim Lesen der Bibel scheint er vorausgesetzt zu haben, er könne die Bibel das sagen lassen, was er so verzweifelt hören wollte.

---

[24] Waffie Mohammed, T N T Spiegel. "The Truth about Ishmael and Isaak", Seite 28

KAPITEL FÜNF – DIE UNIVERSELLE MISSION VON JESUS UND MOHAMMED

Wir untersuchen zunächst die universelle Mission des Propheten Mohammed. Die Muslime ignorierten die klaren Aussagen der Bibel über die universelle Herrschaft und das Heil, die uns von Christus Jesus gegen war. Jesus wurde zum Status eines blossen lokalen Propheten mit einer Mission ausschliesslich an die jüdische Nation degradiert. Mohammed jedoch, als der letzte Prophet, erhielt eine Botschaft und Mission an die ganze Welt. Ein Beispiel für diese Vermutung ist implizit in einem Artikel enthalten, der am 8. Januar 1994 im Trinidad Guardian auf Seite 8 veröffentlicht wurde.

> *Allah, der einzige wahre Gott, verherrlicht sei Er, sendet weiterhin Wegweisung an die Menschheit durch die Entscheidung der auserwählten Menschen. Diese Propheten, die jeweils zu bestimmten Völkern gesandt wurden, ebneten den Weg für das Kommen des letzten und grössten von allen, des Propheten Mohammed (Friede sei mit ihm), der zur ganzen Menschheit gesandt wurde.* [25]

1960, als die Islamische Missionsgilde in Trinidad gegründet wurde, wurde Dr. Mohammed Ansari, ein Doktor der Moralphilosophie aus Pakistan, eingeladen, die Antrittsrede zu halten. Das Pamphlet hatte den Titel "Guideline for Propagators of Islam". Es ist angebracht, die einleitenden Aussagen von Dr. Ansari in seinem Büchlein zu untersuchen.

Nachdem er den Hinduismus und das Judentum als nichtmissionarische Glaubensrichtungen abgetan hat, um die Universalität der Botschaft des Propheten Mohammed zu

---

[25] LBH, Trinidad Guardian. "A Journey to where no man has gone before", S. 28

etablieren, versucht er, einen ähnlichen Ausschluss des Christentums mit einem Federstrich zu vollbringen. Er schreibt:

> *"Ähnlich ist mit dem Christentum der Glaube, der Bekehrungsarbeit in grossem Stil auf der ganzen Welt durchgeführt hat. Christen stützen ihre Aktivitäten auf das Matthäus-Evangelium. Darin wird ihnen geboten: "Geh in alle Nationen und predige." Diese Stelle ist nach biblischen Gelehrten eine spätere Auslegung und kein Gebot, das ihnen der heilige Prophet Jesus gegeben hat, über den der Friede sein soll. In der Bibel gibt es eine andere Stelle, die besagt, dass, wenn ein nichtjüdischer Mensch zu ihm kommen würde, um Wegleitung zu erhalten, Jesus antworten würde: "Es ist nicht gut, Israels Brot zu nehmen und es zu Hunden zu werfen." Dies bestätigt, was der Heilige Koran sagt, dass Jesus für ein bestimmtes Volk, die Rasse der Juden, gesandt worden war."[26]*

Auf den ersten Blick scheint alles intakt zu sein. Es gibt jedoch Dinge, die in Dr. Ansaris Zeugnissen philosophisch und theologisch irreführend sind.

Erstens werden wir auf die philosophischen Bedenken eingehen. Die Logik, ein Zweig der Philosophie, hat bestimmte inhärente Prinzipien. Die Verletzung dieser Grundsätze ist in drei Kategorien unterteilt:

1. Empirische Irrtümer – vage Verallgemeinerungen
2. Semantische Täuschungen – fehlerhafte, nachlässige, unsachgemässe Verwendung von Wörtern

---

[26] LBH, Trinidad Guardian. "A Journey to where no man has gone before", Seite 8

3. Formale Irrtümer – Missbrauch von Argumentationsschritten, die zu falschen Schlussfolgerungen führen

Ist Dr. Ansari schuldig, in allen drei Punkten gegen die Prinzipien der Logik verstossen zu haben? Lassen Sie uns das Zeugnis prüfen.

Dr. Ansari sagt: "Wannimmer eine nichtjüdische Person". Diese Aussage ist nicht wahr. Die Gelegenheit, als Jesus sagte: "Es ist nicht gut, das Brot der Kinder zu nehmen und es den Hunden zu geben." **(Matthäus 15:21-28)** ist nicht das einzige Beispiel dafür, dass Jesus von Nichtjuden getroffen wird, die seine Hilfe empfangen haben. Im Gegensatz zum Zeugnis des Doktors war dies das einzige Mal, dass Jesus diese Worte einem Nichtjuden sagte. Die Verallgemeinerung durch Doktor Ansari hilft seinem Argument. Es beschränkt den Dienst Jesu auf die Juden, aber es beruht auf Irrtümern in seiner Argumentation. Aber wie das Evangelium (Injil) wirklich zu diesem Thema sagt:

  i. Eine Samariterin erhielt Heilung durch ihre Ehebruchswege; Ein Samariterdorf glaubt an Jesus. Er willigt sogar ein, zwei Tage in ihrer Gemeinschaft zu dienen, und viele glaubten an ihn. **(Johannes 4)**

  ii. Ein römischer Beamter erhielt Hilfe von Jesus für seinen Diener, der krank war. Jesus lobte den römischen Beamten, dass er mehr Glauben habe als die Juden. **(Lukas 7:1-10)**

  iii. Ein taubstummer Mann wird von den Menschen in Dekapolis (griechischsprachige römische Provinz) zu Jesus gebracht. Jesus antwortete auf ihre Bitte und heilte den Mann. **(Markus 7:31-37)**

Dr. Ansari sagt, „würde zu ihm kommen, um "Wegleitung (guidance)" zu erhalten". Aus den zitierten Verweisen geht hervor, dass diese Nichtjuden nicht Jesus gekommen sind, um eine Wegleitung zu erhalten. Sie kamen in erster Linie zur Heilung. Das Wort "Wegleitung" impliziert, diese Nichtjuden seien in erster Linie wegen religiöser Anweisungen oder Ratschläge zu Jesus gekommen.[27]

Es muss daran erinnert werden, dass Muslime behaupten, dass Mohammed, als er gebeten wurde, sein Prophetentum zu authentifizieren, keine Zeichen oder Wunder hervorbrachte. Mohammeds Wunder für Muslime war der Koran, ein Buch, das ein ungebildeter Prophet "produziert" hatte. Der Punkt ist, ein Buch und eine Botschaft sind in der Regel mit Wegleitung verbunden, nicht Zeichen und Wunder. Dr. Ansari bereitet sein Publikum auf seinen dritten Punkt vor. Durch seine unsachgemässe Verwendung des Wortes "Wegleitung" manifestiert sich sein **semantischer Trugschluss**. Bitte beachten Sie, dass der Glaube, den Jesus bei dieser Frau auslöste, dazu führte, dass ihr Bedürfnis erfüllt wurde: **Ihre Tochter wurde von Jesus geheilt**. Es ist offensichtlich, dass Dr. Ansari entweder nicht die ganze Passage gelesen oder sich entschieden hat, sie zu ignorieren; ist das ein Fehler oder Trugschluss, oder ist es eher ein absichtlicher Versuch, die Wahrheit zu fälschen?

Doktor Ansari kommt dann zu seinem Schluss. Dies bestätigt die Verletzung der Prinzipien der Logik in der dritten Kategorie der **formalen Täuschung**. Da er mit der falschen Prämisse begann, war die Schlussfolgerung logischerweise ungültig.

---

[27] Fazlur Rahman Ansari. "Guideline for Propagators of Islam", Seiten 1,2

A. Theologische Bedenken in diesen einleitenden Bemerkungen.

1. Dr. Ansari identifizierte nie die so genannten modernen biblischen Gelehrten, die behaupteten, **Matthäus 28:19** sei eine spätere Interpolation. Diese mysteriösen Gelehrten sind noch nicht gefunden.

2. Auch wenn **Matthäus 28:18** eine Interpolation war, ist für ernsthafte Bibelschüler eine Lehre oder Praxis niemals allein auf einem Vers der Schrift begründet. Der Doktor hätte beobachten sollen, was in der Schrift steht.

   Dann sagte er zu ihnen: »Geht hinaus in die ganze Welt und verkündet allen Menschen die rettende Botschaft. (Markus 16:15)

   Allen Völkern wird in seinem Auftrag verkündet: Gott vergibt jedem die Schuld, der zu ihm umkehrt. Das soll zuerst in Jerusalem geschehen. (Lukas 24:47)

   Aber ihr werdet den Heiligen Geist empfangen und durch seine Kraft meine Zeugen sein in Jerusalem und ganz Judäa, in Samarien und überall auf der Erde.« (Apostelgeschichte 1:8)

Da alle anderen Bezüge, die die Begegnung Jesu mit Nichtjuden aufzeichneten, in nichtjüdischen Personen gipfelten, die geistige und körperliche Heilung erhielten, muss **Matthäus 15:21-28** nicht als Regel, sondern als Ausnahme betrachtet werden. Deedat versteht diesen Grundsatz, als er in **Matthäus 12:38,39** die offensichtliche Weigerung Jesu, Wunder zu vollbringen, als Zeichen an die Juden bezeichnete. In "Al-Quran The Ultimate Miracle" schreibt er:

"Obwohl er sich weigerte, ihrer Bitte nachzukommen, lernen wir aber aus den Erzählungen des Evangeliums, dass er viele Wunder vollbracht hat."[28]

Könnte Dr. Ansari das Wort "da für sie?" und die letzten drei Worte dieses Zitats seines muslimischen Bruders ersetzen, um die Hand zu reichen und sich aller Nichtjuden anzunehmen, die Jesus um Hilfe gebeten haben, einschliesslich der Frau in **Matthäus 15:28**?

Da sagte Jesus zu ihr: »Dein Glaube ist gross! Was du willst, soll geschehen.« Im selben Augenblick wurde ihre Tochter gesund. **(Matthäus 15:28)**

Die Bibel lehrt, dass die missionarische Priorität Jesu und später seiner Jünger den Juden galt, denen Gott seine Offenbarung von sich selbst und seinen Bündnissen verpflichtete. Weder im Alten noch im Neuen Testament schloss dies Nichtjuden (wie Ruth, Naaman, Zarephath, die Witwe Ninives) vom Glauben und Gottes Segnungen aus. Tatsächlich empfingen im Alten Testament Nichtjuden den Segen Gottes, eine Vorwegnahme der Verheissung, die Abraham als Segen für alle Nationen gegeben worden war und die schliesslich durch den Glauben an Jesus Christus erfüllt werden sollte.

In Bezug auf die missionarische Priorität Jesu werden in der Schrift drei Sätze genannt: Sein Kommen zu den Seinem; Seine Ablehnung durch die Seinen; und sein Abwenden von den Seinen. Wir lesen

---

[28] Ahmed Deedat. "Al Koran, the ultimate miracle", Seite 1

Er kam in seine Welt, aber die Menschen wiesen ihn ab. (Johannes 1:11)

Diese zwölf sandte Jesus aus und befahl ihnen und sprach: Geht nicht in den Weg der Nichtjuden und in jede Stadt der Samariter geht nicht hinein, sondern geht zu den verlorenen Schafen des Hauses Israel. (Matthäus 10:5-6)

B. Er wurde als Prophet in seinem eigenen Land abgelehnt.

Die Juden sahen ihn als den Sohn eines Zimmermanns und nicht als ihren Messias. **Johannes1:1** und **Markus 6:1-6** lesen,

Er kam in seine Welt, aber die Menschen wiesen ihn ab. (Johannes 1:11)

Jesus verliess diese Gegend und kehrte mit seinen Jüngern in seinen Heimatort Nazareth zurück. Am Sabbat lehrte er dort in der Synagoge. Viele Leute hörten ihm zu und waren tief beeindruckt von ihm. Sie fragten: »Wie ist so etwas nur möglich? Woher hat er diese Weisheit? Wie können solche Wunder durch ihn geschehen? Er ist doch der Zimmermann, Marias Sohn. Wir kennen seine Brüder Jakobus, Joses, Judas und Simon. Und auch seine Schwestern leben hier bei uns.« So kam es, dass sie ihn ablehnten. Da sagte Jesus: »Nirgendwo gilt ein Prophet weniger als in seiner Heimat, bei seinen Verwandten und in seiner eigenen Familie.« Deshalb konnte er dort keine Wunder tun. Nur einigen Kranken legte er die Hände auf und machte sie gesund. Er wunderte sich über den Unglauben der Leute. (Markus 6:1-6)

Nach seiner Ablehnung wandte sich Jesus aus grundsätzlich vier Gründen von seinem eigenen an die nichtjüdischen Völker:

1. Ein Zeugnis gegen die Juden.

   Seid ihr aber irgendwo nicht willkommen und will man eure Botschaft nicht hören, so geht fort und schüttelt den Staub von euren Füssen als Zeichen dafür, dass ihr die Stadt dem Urteil Gottes überlasst. **(Markus 6:11)**

2. Um Israel zur Eifersucht zu provozieren.

   Dann aber stellt sich die Frage: Hat Israel sie vielleicht nicht verstanden? Doch! Denn schon bei Mose heisst es: »Ich werde euch eifersüchtig machen auf ein Volk, das bisher nicht zu mir gehörte. Ich will euch zornig machen auf Menschen, die nichts von mir wissen. **(Römer 10:19)**

3. Die Weisheit und das Geheimnis Gottes zu demonstrieren, wenn es darum geht, die Nichtjuden zu retten.

   Damit ihr das nicht falsch versteht und auf die Juden herabseht, liebe Brüder und Schwestern, möchte ich euch ein Geheimnis anvertrauen: Ein Teil des jüdischen Volkes ist verhärtet und verschlossen für die rettende Botschaft. Aber das wird nur so lange dauern, bis die volle Anzahl von Menschen aus den anderen Völkern den Weg zu Christus gefunden hat. **(Römer 11:25)**

4. Israel an einen Punkt zu bringen, an dem sie ihren Messias wollen, um schliesslich gerettet zu werden, indem sie ihn in der Zeit der Sorgen anrufen.

   Wenn das geschehen ist, wird ganz Israel gerettet, so wie es in der Heiligen Schrift heisst: »Aus Zion wird der Retter kommen. Er wird die Nachkommen Jakobs von ihrer Gottlosigkeit befreien. **(Römer 11:26)**

Jerusalem! O Jerusalem! Du tötest die Propheten und steinigst die Boten, die Gott zu dir schickt. Wie oft schon wollte ich deine Bewohner um mich sammeln, so wie eine Henne ihre Küken unter ihre Flügel nimmt! Aber ihr habt es nicht gewollt. 35 Und nun? Gott wird euren Tempel verlassen, und ich sage euch: Mich werdet ihr erst dann wiedersehen, wenn ihr rufen werdet: ›Gepriesen sei, der im Auftrag des Herrn kommt!‹ **(Lukas 13:34-35)**

C. Die Bibel erklärt die kosmische Herrschaft und Mission Jesu

Wer dir Gutes wünscht, den werde ich segnen. Wer dir aber Böses wünscht, den werde ich verfluchen! <u>Alle Völker der Erde</u> sollen durch dich gesegnet werden. **(Genesis 12:3)**

Die rettende Botschaft von Gottes Reich wird auf der ganzen Welt verkündet werden, <u>damit alle Völker sie hören</u>. Dann erst wird das Ende kommen. **(Matthäus 24:14)**

Wenn der Menschensohn in seiner ganzen Herrlichkeit kommt, begleitet von allen Engeln, dann wird er auf seinem Königsthron sitzen. Alle Völker werden vor ihm versammelt werden, und er wird die Menschen in zwei Gruppen teilen, so wie ein Hirte die Schafe von den Ziegen trennt. **(Matthäus 25:31,32)**

Ehre sei Gott im Himmel! Denn er bringt <u>der Welt Frieden</u> und wendet sich den Menschen in Liebe zu. Dein Licht erleuchtet <u>alle Völker</u>, und deinem Volk Israel bringt es Grösse und Herrlichkeit. **(Lukas 2:14,32)**

Die ihn aber aufnahmen und an ihn glaubten, denen gab er das Recht, Kinder Gottes zu werden. **(Johannes 1:12)**

Am nächsten Tag bemerkte Johannes, dass Jesus zu ihm kam. Da rief er: »Seht, das ist Gottes Opferlamm, <u>das die Sünde der Menschen wegnimmt.</u> **(Johannes 1:29)**

*Und nur dieses Brot, das vom Himmel herabkommt, <u>schenkt den Menschen das Leben</u>. **(Johannes 6:33)***

*Diese Zusage gilt euch, euren Nachkommen und <u>den Menschen in aller Welt,</u> die der Herr, unser Gott, zu sich herbeirufen wird. **(Apg 2:39)***

*Ebenso haben Samuel und alle Propheten nach ihm diese Zeit angekündigt. Was diese Männer gesagt haben, gilt auch für euch. Ihr habt Anteil an dem Bund, den Gott mit euren Vorfahren geschlossen hat. Denn Gott sprach zu Abraham: ›Durch deinen Nachkommen sollen <u>alle Völker der Erde gesegnet werden</u>.‹ Gott hat Jesus, seinen Diener, zuerst zu euch geschickt, nachdem er ihn in diese Welt gesandt hatte, und ihn beauftragt, euch zu segnen. Er wird euch helfen, umzukehren und euer Leben zu ändern. **(Apg 3:24-26)***

Nur Jesus kann den Menschen Rettung bringen. <u>Nichts und niemand sonst auf der ganzen Welt rettet uns</u>. (Apg 4:12)

*Ich schäme mich nicht für die rettende Botschaft. Denn sie ist eine Kraft Gottes, die <u>alle</u> befreit, die darauf vertrauen; zuerst die Juden, aber <u>auch alle anderen Menschen</u>. **(Römer 1:16)***

*Die Heilige Schrift selbst hat schon längst darauf hingewiesen, dass Gott auch die anderen Völker durch den Glauben retten wird. Gott verkündete schon Abraham die gute Botschaft: »Durch dich sollen <u>alle Völker gesegnet werden</u>.« ... So ist es auch mit Gottes Zusagen an Abraham. Betrachten wir sie genauer, dann stellen wir fest: Gott gab sein Versprechen Abraham und seinem Nachkommen. Es heisst nicht: »Abraham und seinen Nachkommen«, als ob viele gemeint wären. Gott sagt ausdrücklich: »deinem Nachkommen«, also einem Einzigen. Dieser Eine ist Christus. **(Galater 3:8, 16)***

*Vor Jesus müssen einmal <u>alle auf die Knie fallen</u>: alle im Himmel, auf der Erde und im Totenreich. <u>Und jeder ohne Ausnahme wird zur Ehre Gottes, des Vaters, bekennen</u>: Jesus Christus ist der Herr! **(Philipper 2:10-11)***

Denn er will, dass alle Menschen gerettet werden und seine Wahrheit erkennen. Es gibt nur einen einzigen Gott und nur einen Einzigen, der zwischen Gott und den Menschen vermittelt und Frieden schafft. Das ist der Mensch Jesus Christus. Er hat sein Leben als Lösegeld hingegeben, um uns alle aus der Gewalt des Bösen zu befreien. Diese Botschaft soll nun verkündet werden, denn die Zeit, die Gott festgelegt hat, ist gekommen. (1. Timotheus 2:4-6)

Schliesslich

Denn Gott hat die Menschen so sehr geliebt, dass er seinen einzigen Sohn für sie hergab. Jeder, der an ihn glaubt, wird nicht zugrunde gehen, sondern das ewige Leben haben. (Johannes 3:16)

Indem sie die Universalität der Sendung Jesu leugnen, stellen sich die Muslime auf tragische Weise ausserhalb "jeder, der an ihn glaubt" in **Johannes 3:16**. Dadurch würden sie automatisch die universelle Anwendung der in Jesus Christus erfüllten Verheissung an Abraham anerkennen. Diese Wahrheit muss als ihre Gesamtheit akzeptiert werden, oder sie muss in Ruhe gelassen werden.

Die verbindende Struktur und das Thema der Bibel ist so, dass kein Thema der Schrift von privater Interpretation ist.

Doch vergesst vor allem eines nicht: Kein Mensch kann jemals die prophetischen Worte der Heiligen Schrift aus eigenem Wissen deuten. (2 Peter 1:20)

Jeder Versuch, fremde Gedanken in die Schrift einzuführen, kann nur dadurch unternommen werden, dass man ignoriert, was an anderer Stelle in der Bibel über das gegebene Thema gelehrt wird. Ist es möglich, die Authentizität der Bibel zu diskreditieren und dann wieder nach Prophezeiungen in derselben Bibel über einen religiösen Führer zu suchen? Reicht es aus, zu versuchen, die Bibel oder einige Lehren aus der Bibel zu diskreditieren und gleichzeitig keine zusätzlichen Beweise aus der Bibel zuzulassen, die diese besondere Lehre in der Realität klarstellt? Der Apostel Paulus, bietet das verbindende Bindeglied der Rechtfertigung durch den Glauben, wie in Abraham gesehen, in Christus erfüllt und der Welt zur Verfügung gestellt:

> *Erinnert euch einmal daran, was von Abraham gesagt wird: »Abraham glaubte Gott, und so fand er bei ihm Anerkennung.« Das bedeutet doch: Die wirklichen Nachkommen von Abraham sind alle, die glauben. Die Heilige Schrift selbst hat schon längst darauf hingewiesen, dass Gott auch die anderen Völker durch den Glauben retten wird. Gott verkündete schon Abraham die gute Botschaft: »Durch dich sollen alle Völker gesegnet werden.« Mit Abraham, der unerschütterlich Gott vertraute, werden also alle gesegnet, die ebenso glauben wie er. Der Segen, den Gott Abraham zugesagt hatte, sollte durch Jesus Christus allen Völkern geschenkt werden. Und durch den Glauben an Christus empfangen wir alle den Geist Gottes, wie Gott es versprochen hat. So ist es auch mit Gottes Zusagen an Abraham. Betrachten wir sie genauer, dann stellen wir fest: Gott gab sein Versprechen Abraham und seinem Nachkommen. Es heisst nicht: »Abraham und seinen Nachkommen«, als ob viele gemeint wären. Gott sagt ausdrücklich: »deinem Nachkommen«, also einem Einzigen. Dieser Eine ist Christus. (Galater 3:6-9, 14 ,16)*

Der Glaube muss dann die Grundlage sein, um Gnade und ewiges Leben vom Gott Abrahams zu erlangen: Muslime hoffen, Gottes Zustimmung zu gewinnen und durch gute Werke in das Paradies Gottes einzutreten. Es gibt jedoch keine

Gewissheit oder Garantie, dass irgendein Muslim jemals den Standard eines rechtschaffenen Gottes erfüllen würde.

Im Jami Al-Tirmid wird gesagt, dass der Islam in dreiundsiebzig (73) Sekten unterteilt werden würde und alle ins Feuer gehen würden, ausser einer. Der islamische Missionar wurde gefragt, ob seine Sekte diejenige sein würde, die vom Feuer verschont blieb. Er reagierte mit grosser Ungewissheit,

"Nur Allah weiss es, nur Allah weiss es. Wir tun unser Bestes."[29]

Der Verfasser des Evangeliums von Barnabas malte in Kapitel 136 ein düsteres Bild. In diesem Kapitel wird uns gesagt, dass diejenigen, die einfach Glauben hatten, aber keine Gelegenheit hatten, gute Werke zu tun, sich siebzigtausend Jahre lang in der Hölle befanden! Wir lesen:

"Was die Gläubigen betrifft, die in den zweiundsiebzig Klassen der beiden letzten Klassen angehören, die den Glauben hatten, ohne gute Werke getan zu haben, die einen traurig bei der Arbeit und die anderen, die sich am Bösen erfreuten, sie werden in der Hölle siebzigtausend Jahre bleiben."[30]

Doch Vater Abraham, den die Muslime nachgeahmt und wiederbelebt haben sollen, stand sicher, gerecht, von Gott durch Glauben, nicht durch gute Werke gebilligt. Die Schrift sagt

Ich möchte das jetzt noch deutlicher machen. Wodurch konnte Abraham, der Stammvater unseres jüdischen Volkes, vor Gott bestehen? Wegen seiner guten Taten? Damit hätte er zwar bei

---

[29] Abu Da'un Sunna. "Tirmidhi", Seite 130
[30] Lonsdale und Laura Ragg. "The Gospel of Barnabas", Seite 175

den Menschen Ruhm und Ansehen gewinnen können, nicht aber bei Gott. 3 In der Heiligen Schrift heisst es: »Abraham setzte sein ganzes Vertrauen auf Gott, und so fand er Gottes Anerkennung.« **(Römer 4:1-3)**

Unglaublicherweise werden in den vorhergehenden Versen im Evangelium von Barnabas, Kapitel 136-137, die treuen Seelen in der Hölle nach siebzigtausend Jahre schliesslich begnadigt und dürfen ins Paradies, nachdem der Engel die Hölle besucht und sie ihren Zustand beklagen gehört hat. Wir lesen:

"Nach diesen Jahren wird der Engel Gabriel in die Hölle kommen und sie sagen hören: "O Mohammed, wo sind deine Verheissungen, die uns gegeben werden, die sagen, dass diejenigen, die deinen Glauben haben, nicht ewig in der Hölle bleiben werden? Dann wird der Engel Gottes ins Paradies zurückkehren und mit Ehrfurcht herangegangen sein, wird der Gesandte Gottes ihm erzählen, was er gehört hat. Dann wird sein Bote zu Gott reden und sagen: Herr, mein Gott, denkt an die Verheissung, die mir, deinem Knecht, gegeben wurde, über die, die meinen Glauben empfangen haben, damit sie nicht ewig in der Hölle bleiben werden." Gott wird antworten und fragen: Was willst du, mein Freund, denn ich werde dir geben, was du gefragt hast?

Dann wird der Bote Gottes sagen: "O Herr, sie sind von den Gläubigen, die siebzigtausend Jahre in der Hölle gewesen sind. Wo o Herr ist deine Barmherzigkeit? Ich bitte den Herrn, sie von dieser bitteren Strafe zu befreien." Dann wird Gott den vier Lieblingsengeln Gottes (Wer sind diese Engel?) befohlen, dass sie in die Hölle gehen und jeden herausnehmen, der den Glauben seines Boten hatte, und sie ins Paradies führen. Und das werden sie tun. Und das wird der Vorteil des Glaubens des Boten Gottes sein, damit diejenigen, die an ihn geglaubt haben, auch wenn sie keine guten Werke getan haben, da sie in diesem Glauben *gestorben sind, nach der Strafe, von der ich geredet habe, ins Paradies gehen werden...“ **(Barnabas, Kapitel 136-137)**[31]*

Darauf erwiderte ihr Jesus: »Ich bin die Auferstehung, und ich bin das Leben. Wer an mich glaubt, <u>der wird leben</u>, selbst wenn er stirbt. Und wer lebt und an mich glaubt, wird niemals sterben. **(Johannes 11:25-26)**

Ich sage euch die Wahrheit: Wer meine Botschaft hört und dem glaubt, der mich gesandt hat, <u>der hat das ewige Leben</u>. Ihn wird das Urteil Gottes nicht treffen, er hat die Grenze vom Tod zum Leben schon überschritten. Ich versichere euch: Die Zeit wird kommen, ja, sie hat schon begonnen, in der die Toten <u>die Stimme von Gottes Sohn</u> hören werden. Und wer diesen Ruf hört, der wird leben. **(Johannes 5:24-25)**

Heute bietet Jesus, der Messias der Welt, vom Samen des Vaters Abraham, immernoch Frieden, Ruhe im Paradies und Gottes Zustimmung zu jedem Willen, einschliesslich des Menschen, der sich aus welchen Gründen auch immer ausserhalb von **Johannes 3:16** stellt. Er ist ein Sünder, der nicht in der Lage ist, dem Heiligen Gott zu gefallen, aber Gott liebt ihn immer noch. Jesus sagte zu den Menschen, die der religiösen Lasten müde sind.

Kommt alle her zu mir, die ihr euch abmüht und unter eurer Last leidet! Ich werde euch Ruhe geben. Vertraut euch meiner Leitung an und lernt von mir, denn ich gehe behutsam mit euch um und sehe auf niemanden herab. Wenn ihr das tut, dann findet ihr Ruhe für euer Leben. Das Joch, das ich euch auflege, ist leicht, und was ich von euch verlange, ist nicht schwer zu erfüllen. **(Matthäus 11:28-30)**

---

[31] Lonsdale und Laura Ragg. "Das Evangelium von Barnabas", Seite 175

KAPITEL SECHS - DIE BOTSCHAFTEN MOHAMMEDS UND JESU

In den folgenden Kapiteln werde ich ausführlich aus dem Bericht "Jesus und Mohammed" zitieren, verfasst von Mark A. Gabriel, in Ägypten geboren, studierte er als hingebungsvoller Muslim an der angesehensten islamischen Universität der Welt, Al-zhar in Kairo. Ich empfehle Ihnen seine aufschlussreiche, sachliche Analyse der beiden grossen Propheten.

Muslime müssen sowohl an Mohammed als auch an Jesus glauben. Doch was wir in der Bibel lesen, widerspricht oft dem, was wir im Koran lesen. Kann die Botschaft Jesu mit der Botschaft Mohammeds vereinbar sein? Einige von Mohammeds Botschaften spiegeln nicht die gleichen Tugenden und Werte wider, die Jesus lehrte. Tatsächlich widersprechen einige von Mohammeds Botschaften Jesus' Lehre.

A. Mohammeds Anweisung an seine Anhänger

Jesus hatte zwölf Jünger und Mohammed hatte zwölf Anhänger, um ihre Botschaft zu verbreiten, also werden wir sehen, wie die beiden jeweils mit ihren zwölf Anhängern zusammenarbeiteten, um ihre Botschaften zu verbreiten.

Wir werden sehen, wie Mohammed seine Anhänger in kleinen Gruppen von Mekka nach Medina schickte. Dies war ein wichtiger Punkt in Mohammeds Leben. Als er bereit war, persönlich von Mekka nach Medina auszuwandern, ging er auf den Gipfel des Berges, schaute auf Mekka und sagte: "O Mekka, ich schwöre, dass du die Stadt nahe meines Herzens bist, und wenn es nicht deine Leute wären, die mich vertrieben haben, wäre ich nicht gegangen."[32]

Mohammed sagte, wie sehr er Mekka liebte. Danach verliessen Mohammed und einer seiner vertrauenswürdigsten Anhänger Abu Bakr Mekka in der Nacht und schafften es sicher nach Medina. Dies wird als die zweite Hijra (Migration) oder Wallfahrt bekannt.[33]

Die islamische Kalendermarke bezieht sich nach A.H 5 auf das fünfte Jahr nach der Einwanderung Mohammeds nach Medina. Nach Jahren des Schutzsuchens war Mohammed nun in einer Position der Sicherheit. Was hat er getan? Er gab seinen Anhängern die Erlaubnis zu kämpfen. In Mekka war Mohammed dreizehn Jahre lang kooperativ und tolerant und nicht zur Gewalt getrieben. Er vergab oft denen, die ihn verletzten, und versuchte nicht, sich zu rächen. Nachdem er nach Medina gezogen war, verwandelte sich Mohammed in einen anderen Mann. Er verkündete, dass Allah ihm eine Offenbarung und die Erlaubnis gegeben hatte zu kämpfen. Islamische Geschichtsaufzeichnungen:

> *"Dann bereitete sich der Apostel auf den Krieg vor, gemäss Gottes Befehl, seine Feinde zu bekämpfen und jene Polytheisten zu bekämpfen, die nahe bei der Hand waren, denen Gott befahl zu kämpfen. Das war dreizehn Jahre nach seinem Ruf."[34]*

> *"Während der ersten paar Jahre in Medina führte Mohammed einige Razzien persönlich, aber er schickte auch seine Verwandten und treuen Anhänger auf eigene Überfälle. Dazu gehörte, seinen Onkel Hamza mit dreissig Soldaten in den Hinterhalt einer*

---

[32] Ibid Seiten 175, 176

[33] *Ibn Kathir. "The beginning and the end", Bd.2, Pt. 3, S. 215*

[34] Ibn Ishaq Seiten 324ff

Karawane aus Mekka zu schicken und seinen Cousin zu schicken, um einige Mitglieder des Quraysh-Stammes anzugreifen, während sie ausserhalb von Mekka unterwegs waren. "[35]

Die Menschen von Mekka organisierten keinen Angriff auf Mohammed, nachdem er Mekka verlassen hatte. Mohammed befahl jedoch einen Angriff auf eine grosse Karawane aus Mekka, die nach Syrien hinausgegangen war und nach Hause zurückkehrte. Dies war ein wichtiger Wendepunkt in der Geschichte des Islam. Dieser Angriff war mehr als nur wirtschaftlicher Natur; es war ein Angriff auf das Überleben Mekkas. Die Karawane ging zweimal im Jahr aus und kehrte nach Mekka mit Lebensmitteln, Zucker, Salz und Kleidung zurück, die die Menschen in Mekka brauchten, um zu überleben. Mekka war in einer Wüste, wo die Menschen nicht viel produzieren konnten, also waren sie auf den Handel angewiesen. Wäre Mohammed mit seinem Angriff auf die Karawane erfolgreich gewesen, hätte Mekka unter Nahrungsmittelknappheit gelitten.

Der Anführer der Karawane, Abu Sufyan, hörte von dem Anschlag, den Mohammed plante, und vermied den Ort, an dem Mohammed im Hinterhalt wartete. Das Volk von Mekka entschied, dass Mohammed für seinen Komplott, die Karawane zu überfallen, bestraft werden sollte. Die Menschen von Mekka machten sich auf, gegen ihn zu kämpfen, und sie trafen sich im Tal von Badr. Mohammed gewann einen Überraschungssieg und tötete oder nahm viele Einwohner Mekkas gefangen (Schlacht von Badr, 624 n. Chr. 2).[36]

---

[35] Ibid Seite 280
[36] Ibid Seiten 281-286

Dies machte ihn zum stärksten Führer in Arabien, doch obwohl er ihre Armee besiegt hatte, blieb die Stadt Mekka zu dieser Zeit unter der Kontrolle von Quraysh.

Die Schlacht von Badr brachte den heiligen Krieg auf eine ganz neue Ebene. Mohammed sagte, der Engel Gabriel sei zu ihm mit einer neuen Offenbarung darüber gekommen, wie man mit ihrem Erfolg umgeht. **Sure 8:41** (mit dem Titel "Die Beute des Krieges").

Die fünf Offenbarungspunkte, die Mohammed empfing, waren:

1. Wie man die Güter, die sie von der besiegten Armee gefangen genommen. **(Sure 8:41)**

2. Die Offenbarung befahl den Muslimen, weiterhin gegen jeden zu kämpfen, der den Islam ablehnte. **(Sure 8:38,39,65)**

3. Die Offenbarung forderte die Muslime auf, sich auf die zukünftige Mission vorzubereiten **(*Sure* 8:60)**

4. Die Offenbarung befahl den Muslimen, "hart zu kämpfen". **(Sure 8:45)**

5. Mohammed dachte, dass seine Mission darin bestand, den Islam durch den Einsatz des heiligen Krieges zu verbreiten. Er gab seinen Anhängern die Macht, Ungläubige anzugreifen, um sie zu töten und ihre Habseligkeiten zu beschlagnahmen. **(Sure 8:45)**

Mohammed verbreitete den Islam durch seine Milizen. Er begleitete die Kämpfer persönlich bei 27 Überfällen; bei neun dieser Überfälle war er zusammen mit seinen Anhängern auf dem Schlachtfeld und kämpfte.

Es hiess, Mohammed habe während dieser Zeit weitere Offenbarungen vom Engel Gabriel erhalten. Diese Botschaften wurden wie zuvor gesammelt und dem Koran hinzugefügt. Die neuen Enthüllungen riefen dazu auf, den Islam mit Gewalt zu verbreiten.

B. Die Anweisung Jesu an seine Nachfolger

Jesus hat gegen Ende seines Lebens seine Nachfolger auch angewiesen, seine Botschaft zu verbreiten. Im Gegensatz zu Mohammed, der sich sehr veränderte, nachdem er nach Medina gezogen war, änderte Jesus seine Botschaft oder Methode, sie zu verbreiten, nicht. Als er in das dritte Amtsjahr eintrat, reiste er weiter, sprach in Synagogen oder öffentlichen Orten, heilte Kranke, trieb Dämonen aus und vollbrachte viele Wunder. Das gemeine Volk fühlte sich zu ihm hingezogen. Er übte keinen Zwang aus. Die meisten religiösen Führer fühlten sich von ihm bedroht. In diesem Zusammenhang gab er seinen zwölf Anhängern Anweisungen, ohne ihn hinauszugehen, um das Evangelium zu verbreiten.

Vergleichen Sie die Anweisungen Jesu an seine Jünger an, mit denjenigen Mohammeds an dessen Anhänger.

1. Mohammed gab seinen Anhängern die Vollmacht, Krieg zu führen, aber Jesus gab seinen Anhängern eine andere Art von Autorität. Matthäus sagte:

Dann rief Jesus seine zwölf Jünger zu sich und gab ihnen die Macht, böse Geister auszutreiben und alle Kranken und Leidenden zu heilen. Heilt Kranke, weckt Tote auf, macht Aussätzige gesund und treibt Dämonen aus! Tut alles, ohne etwas dafür zu verlangen, denn ihr habt auch die Kraft dazu ohne Gegenleistung bekommen. **(Matthäus 10:1,8)**

2. Mohammed gab seinen Anhängern Anweisungen, wie sie die Waren, die sie von Ungläubigen beschlagnahmten, teilen können. Während Jesus seinen Anhängern erlaubte, Gastfreundschaft anzunehmen (in den Häusern der Menschen zu bleiben und mit ihnen zu essen. **(Lukas 10:7)**

3. Jesus verbietet seinen Nachfolgern, die Menschen um Geld zu bitten oder Geld mit sich zu führen. **(Matthäus 10:8-9)**

4. Wenn eine Stadt den Islam ablehnte, befahl Mohammed seinen Anhängern, sie anzugreifen und zu töten. Jesus sagte:

    Wenn ihr in einer Stadt oder in einem Haus nicht willkommen seid und man eure Botschaft nicht hören will, so geht fort und schüttelt den Staub von euren Füssen als Zeichen dafür, dass ihr die Stadt dem Urteil Gottes überlasst. **(Matthäus 10:14)**

Mit anderen Worten: Jesus sagte, die Städte, die seine Botschaft ablehnten, würden durch am Tag Gottes Gerichtes bestraft werden, nicht von seinen Jüngern in diesem Leben. Wie er es in seinem eigenen Leben tat, sagte Jesus seinen Anhängern, sie sollten von denen weggehen, die gegen sie waren.

5. Mohammed forderte seine Anhänger auf, hart gegen Ungläubige zu kämpfen. Jesus sagte den seinen: Wenn ihr an einem Ort verfolgt werdet, geht an einen anderen Ort. Jesus

sagte ihnen, dass sie bereit sein sollten, von Ungläubigen verfolgt zu werden. Er sagte, sie würden ausgepeitscht, verhaftet und vor Gericht gestellt werden. **(Matthäus 10:16-23)**

C. Mohammeds Interaktion mit den Juden

Mohammed interagierte mit jüdischen Führern, als er in Medina war, Mekka hatte nur wenige Juden. Jesus selbst war Jude und hat sein Leben lang mit jüdischen Führern interagiert. Wie reagierten Mohammed und Jesus auf die Ablehnung, die beide von jüdischen Führern erfahren hatten? Schauen wir uns zunächst Mohammeds Antwort an:

1. Nachdem Mohammed nach Medina gezogen war, machte er Geschäfte mit den Juden, besuchte ihre Häuser und ass mit ihnen. Mohammed erwartete von den Juden, den Islam anzunehmen, weil sie an einen einzigen Gott glaubten, so wie die Juden es taten. Die Juden liessen sich jedoch von Mohammeds Lehren und seinen prophetischen Ambitionen nicht beeindrucken. Sie wollten, dass er ihnen ein Zeichen gebe, dass er ein wahrer Prophet sei. Die Koranaufzeichnungen:

    Und sie sagen: „Wenn doch Zeichen von seinem Herrn auf ihn herabgesandt würden!" Sag: Über die Zeichen verfügt (allein) Allah. Und ich bin nur ein deutlicher Warner. Genügt es ihnen denn nicht, dass Wir das Buch auf dich hinabgesandt haben, das ihnen verlesen wird? Darin ist wahrlich eine Barmherzigkeit und eine Ermahnung für Leute, die glauben. **(Sure 29:50-51)**

Mohammed debattierte drei Jahre lang mit den Juden. Dann befahl Mohammed schockierenderweise die Ermordung eines bekannten jüdischen Mannes, der ihn mit Gedichten kritisiert hatte (A.H. 3). Hier ist, was passiert ist:

Bei einem Treffen mit einigen seiner Anhänger fragte Mohammed: "Wer wird diesen Mann für mich töten?" Einige Muslime meldeten sich freiwillig, sie griffen den jüdischen Mann mit einem Schwert an und ein Dolch stach auf ihn ein. "[37]

Er ordnete ein weiteres Attentat an, und weil die Juden sich weigerten, den Islam zu akzeptieren, leitete er sie systematisch aus Arabien. Zuerst griff er den Beni Nadir (Stamm von Nadir, A.H. 4) an. Er zerstörte alle ihre Mittel zum Überleben und zwang die Juden, das Dorf zu verlassen.

Mohammed duldete keine Kritik von den Juden, und er erlaubte ihnen nicht, in Frieden zu leben, er verjagte die Juden aus Khaybar (A.H. 7). Im Dorf Qurayza setzte er die Juden unter Belagerung und, nachdem sie sich ergeben hatten, tötete er alle Männer und nahm die Frauen und Kinder als Sklaven. (A.H.5)[38]

2. Schliesslich vertrieb er die Juden aus Khaybar, einem jüdischen Dorf in der Nähe von Medina. (A.H. 7) Mohammed versorgte sich und seine Familie mit dem Eigentum, das er von den Juden von Khaybar beschlagnahmte. Umar erzählte:

"Die von Banu Nadir verlassenen Besitztümer waren diejenigen, die Allah seinem Apostel verliehen hat, für die weder mit Kavallerie noch mit Kamelien eine Expedition unternommen wurde. Diese Besitztümer waren besonders für den Heiligen

---

[37] Ibid Seite 297
[38] Ibid Seiten 659-660

Propheten gedacht. Er würde die jährlichen Ausgaben seiner Familie aus ihren Einnahmen decken und das, was für den Kauf von Pferden und Waffen übrigblieb, als Vorbereitung auf den Dschihad ausgeben. "[39]

D. Die Interaktion Jesu mit den Juden

Auch die jüdische Hierarchie in der Zeit Jesu kritisierte seine Botschaft. Sechshundert Jahre vor Mohammeds Geburt kritisierten die Pharisäer und Schriftgelehrten Jesus heftig und stellten ihm viele Fragen und genau wie bei Mohammed baten die Juden Jesus um ein Zeichen.

> *Einige Schriftgelehrte und Pharisäer traten an Jesus heran und sagten: »Lehrer, vollbringe vor unseren Augen ein Wunder als Beweis dafür, dass Gott dich gesandt hat!« Jesus entgegnete ihnen: »Was seid ihr nur für eine böse und gottlose Generation! Ihr verlangt nach einem Beweis, doch den werdet ihr nicht bekommen. Ihr und eure Zeitgenossen werdet nur das Wunder sehen, das am Propheten Jona geschah. Jona war drei Tage und drei Nächte im Bauch des grossen Fisches. Ebenso wird der Menschensohn drei Tage und drei Nächte in den Tiefen der Erde sein.* **(Matthäus 12:38-40)**

Jesus benutzte das "Zeichen des Jona", um zu sagen, dass er sterben und drei Tage im Grab bleiben würde, bevor er wieder ins Leben zurückkehrte. Jesus bewies, dass er ein wahrer Prophet und Sohn Gottes war, als er Wunder vollbrachte, als Zeichen dafür, dass er göttliche Macht hatte. Als Jesus seine Nachfolger unterrichtete, sagte er:

---

[39] Ibid Seite 368

Glaubt mir doch, dass der Vater und ich eins sind. Und wenn ihr schon meinen Worten nicht glaubt, dann lasst euch doch wenigstens von meinen Taten überzeugen! **(Johannes14:11)**

Dort brachten sie einen Gelähmten auf einer Trage zu ihm. Als Jesus ihren festen Glauben sah, sagte er zu dem Gelähmten: »Du kannst unbesorgt sein, mein Sohn! Deine Sünden sind dir vergeben.« »Das ist Gotteslästerung!«, dachten sich einige Schriftgelehrte. Jesus durchschaute sie und fragte: »Warum tragt ihr so böse Gedanken in euch? Ist es denn leichter zu sagen: ›Dir sind deine Sünden vergeben‹, oder diesen Gelähmten zu heilen? Aber ich will euch beweisen, dass der Menschensohn die Vollmacht hat, hier auf der Erde Sünden zu vergeben.« Und er forderte den Gelähmten auf: »Steh auf, nimm deine Trage und geh nach Hause!« Da stand der Mann auf und ging nach Hause. **(Matthäus 9:2-7)**

Jesus begegnete den jüdischen religiösen Führern viele Male. In den Evangelien wird mehrfach erwähnt, dass er sich gegen sie ausgesprochen hat **(Matthäus 23; Mark 7:1-23)**. Er benutzte auch bei vielen Gelegenheiten Gleichnisse gegen sie **(Matthäus 21:28-46; 22:1-14)**. Er hat jedoch nie versucht oder seine Anhänger angewiesen, einen der religiösen Führer, die gegen seine Botschaft waren, zu töten oder ihm körperlichen Schaden zu zufügen. Seine öffentliche Botschaft stiftete nie zu Gewalt und Überfall und sogar Mord an, weder an unschuldigen Menschen noch denen, die ihn hassten und zerstören wollten.

Jesus erzählte ihnen noch ein anderes Gleichnis: »Mit Gottes himmlischem Reich ist es wie mit einem König, der für seinen Sohn ein grosses Hochzeitsfest vorbereitete. Viele wurden zu der Feier eingeladen. Als alles fertig war, schickte der König seine Diener, um die Gäste zum Fest zu bitten. Aber keiner wollte kommen. Da schickte er andere Diener und liess den Eingeladenen nochmals ausrichten: ›Es ist alles fertig, die Ochsen und Mastkälber sind geschlachtet. Das Fest kann beginnen. Kommt doch zur Hochzeit!‹

Aber den geladenen Gästen war das gleichgültig. Sie gingen weiter ihrer Arbeit nach. Der eine hatte auf dem Feld zu tun, der andere im Geschäft. Einige wurden sogar handgreiflich, misshandelten und töteten die Diener des Königs. Da wurde der König sehr zornig. Er sandte seine Truppen aus, liess die Mörder umbringen und ihre Stadt in Brand stecken. Dann sagte er zu seinen Dienern: ›Die Hochzeitsfeier ist vorbereitet, aber die geladenen Gäste waren es nicht wert, an diesem Fest teilzunehmen. Geht jetzt auf die Landstrassen und ladet alle ein, die euch über den Weg laufen!‹ Das taten die Boten und brachten alle mit, die sie fanden: böse und gute Menschen. So füllte sich der Festsaal mit Gästen. 11 Als der König kam, um die Gäste zu sehen, bemerkte er einen Mann, der nicht festlich angezogen war. ›Mein Freund, wie bist du hier ohne Festgewand hereingekommen?‹, fragte er ihn. Darauf konnte der Mann nichts antworten. Da befahl der König seinen Knechten: ›Fesselt ihm Hände und Füsse und werft ihn hinaus in die tiefste Finsternis, wo es nur noch Heulen und ohnmächtiges Jammern gibt!‹ Denn viele sind eingeladen, aber nur wenige sind auserwählt.« **(Matthäus 22:1-14)**

Die Pharisäer und Schriftgelehrten kritisierten Jesus und seine Jünger dafür, dass sie das mosaische Gesetz nicht beachteten. Sie kritisierten seine Jünger dafür, dass sie sich vor dem Essen nicht die Hände wuschen. Jesus warnte seine Jünger davor, wie die religiösen Führer zu sein.

»Und wenn ihr betet, dann tut das nicht wie die Heuchler! Sie beten gern öffentlich in den Synagogen und an den Strassenecken, um von den Menschen gesehen zu werden. Ich versichere euch: Diese Leute haben ihren Lohn schon erhalten! **(Matthäus 6:5)**

Man würde denken, dass die Juden, als sie erkannten, wie vollkommen Jesus Gott ergeben war, sie ihm folgen würden. Und doch, wie die Ereignisse zeigen, waren sie seine bittersten

Gegner, Jesus sagte seinen Jüngern, die Schriftgelehrten und Pharisäer wegen ihrer Autoritätsstellung zu achten, ihnen aber nicht nachzueifern.

> *Richtet euch nach ihren Worten und tut alles, was sie euch sagen! Nehmt euch aber kein Beispiel an ihren Taten! Denn sie halten selbst nicht ein, was sie von den anderen verlangen. Sie denken sich schwere, fast unerträgliche Forderungen aus und bürden sie den Menschen auf, doch sie selbst rühren keinen Finger, um diese Lasten zu tragen. Mit allem, was sie tun, stellen sie sich zur Schau. Sie tragen besonders breite Gebetsriemen und an den Gewändern auffällig lange Quasten.* **(Matthäus 23:3-5)**

Die Juden konnten Mohammed nicht kritisieren, da er sie töten lassen würde. einige Juden anerkannten Mohammed als echten Propheten und schlossen sich ihm an. Die meisten Juden wurden jedoch verurteilt, weil sie sowohl den Propheten ablehnten als auch ihren eigenen religiösen Imperativen nicht gerecht wurden.

KAPITEL SIEBEN - DAS PRIVATLEBEN JESU UND MOHAMMEDS

In diesem Kapitel wird das Leben der beiden Männer untersucht. In meiner Forschung habe ich mich auf das verlassen, was von Muslimen als eine der massgeblichsten historischen Quellen für das Leben Mohammeds angesehen wird. Wenn ich das Leben Jesu untersuche, verlasse ich mich in erster Linie auf das Neue Testament. Die vier Evangelien sind Biographien seines Lebens. Matthäus, Markus und Lukas wurden vor 70 n. Chr. geschrieben, und Johannes wurde 95 n. Chr. geschrieben. Die Briefe des Neuen Testaments, die von seinen auserwählten Aposteln oder Jüngern geschrieben wurden, dienen auch als historische Quelle. Die meisten wurden vor 70 n. Chr. geschrieben, während einige, wie 1 Korinther, bereits 55 n. Chr. geschrieben wurden.

A. Das persönliche Leben Mohammeds

Nachdem Mohammed nach Medina gezogen war, änderte sich sein persönliches Leben erheblich. Während seiner Zeit in Mekka war er nur mit einer Frau verheiratet, Khadija, die nach 25 Jahren Ehe starb. Während seines ersten Jahres in Medina unterzeichnete Mohammed einen Ehevertrag mit der Tochter eines seiner treuesten Anhänger, Abu Bakr. Das wäre nicht ungewöhnlich, ausser der Tatsache, dass sie noch ein Kind war, als sie Mohammed gegeben wurde.[40]

Khadija starb drei Jahre vor der Abreise des Propheten nach Medina. Er blieb dort für zwei Jahre oder so und dann heiratete er 'Aisha, als sie ein Mädchen von sechs Jahren war, und er konsumierte diese Ehe, als sie neun Jahre alt war, aber diese

---

[40] "The correct Book of Bukhri", Vol. 5, bk. 59, Nr. 447

Anordnung war sehr ungewöhnlich, auch in der arabischen Gesellschaft. Sie blieb mit Mohammed verheiratet, bis zu seinem Tod, als sie achtzehn Jahre alt war.[41]

Sie war jedoch nicht seine einzige Frau. Mohammed heiratete elf weitere Frauen während seiner Jahre in Medina. Ich werde nur drei von ihnen nennen und kurz kommentieren.

Khadija, die erste Frau, die vierzig war, als Mohammed fünfundzwanzig war. Er blieb 25 Jahre lang mit ihr verheiratet.

Aisha, die Kinderbraut, war die sechsjährige Tochter eines seiner treuesten Anhänger, Abu Bakr.

> *Der Prophet schrieb den Ehevertrag mit Aisha, als sie sechs Jahre alt war und vollendete seine Ehe mit ihr, während sie neun Jahre alt war und sie blieb bei ihm bis zu seinem Tod.[42]*

Zainab, die Frau von Mohammeds Adoptivsohn Zaid Bin Harithah. Mohammed ging eines Tages in das Haus seines Adoptivsohns, als er ankam, fand er heraus, dass sein Adoptivsohn nicht zu Hause war. Die Frau seines Adoptivsohns Zainab war allein zu Hause. Als er zur Tür kam, begegneten ihr seine Augen, und Mohammed sagte: "Lobt denen, die das Herz und die Sehenswürdigkeiten verändern." Er spürte ihre Liebe in seinem Herzen. Als ihr Mann zurückkam, erzählte sie ihm, was geschehen war.
Es gibt zwei Probleme mit dieser Situation. Zum einen war Zainab verheiratet, und zweitens war ihr Mann Mohammeds Adoptivsohn. Das islamische Recht verbietet es einem Mann, die Frauen seines Sohnes zu heiraten. Von diesem Tag an behandelte

---

[41] Band 5 Buch 58, "Hadith", Seite 236
[42] "The correct Book of Muslim", Bk. 19, nein, 4347

Zainab ihren Mann schlecht, indem sie ihm zeigte, dass sie sich nicht mehr für ihn interessierte. Nach einer Weile gab Zaid die Ehe auf und liess sich von seiner Frau scheiden. Die islamische Geschichte sagte, Mohammed beschloss dann, Zainab zu bitten, ihn zu heiraten, obwohl dies dem islamischen Gesetz widersprach, nach dem ein Mann die Frauen seines Sohnes nicht heiraten dürfe. Mohammed schickte Zaid, um den Heiratsantrag zu stellen. Zaid ging zum Haus seiner Ex-Frau und fand sie, wie sie Mehl zubereitete, um Brot zu machen. Zaid sagte im Moment: "Als ich sie sah, konnte ich nicht einmal auf ihr Gesicht schauen, weil ich sie immer noch liebte." Aber er hat den Vorschlag Mohammeds pflichtgemäss überliefert. Seine Ex-Frau antwortete: "Allah muss mir sagen, Mohammed zu heiraten." Sie erzählte Zaid, dass sie in die Moschee gehen würde, um zu beten. Also ging Zaid zurück zu Mohammed und erzählte ihm, was geschehen war und was Zainab gesagt hatte.[43]

> *Und als du zu demjenigen sagtest, dem Allah Gunst erwiesen hatte und dem auch du Gunst erwiesen hattest: „Behalte deine Gattin für dich und fürchte Allah", und in deinem Inneren verborgen hieltest, was Allah doch offenlegen wird, und die Menschen fürchtetest, während Allah ein grösseres Anrecht darauf hat, dass du Ihn fürchtest. Als dann Zaid keinen Wunsch mehr an ihr hatte, gaben Wir sie dir zur Gattin, damit für die Gläubigen kein Grund zur Bedrängnis bestehe hinsichtlich der Gattinnen ihrer angenommenen Söhne, wenn diese keinen Wunsch mehr an ihnen haben. Und Allahs Anordnung wird (stets) ausgeführt. Es besteht für den Propheten kein Grund zur Bedrängnis in dem, was Allah für ihn verpflichtend gemacht hat. (So war) Allahs Gesetzmässigkeit mit denjenigen, die zuvor dahingegangen sind - und Allahs Anordnung ist ein fest gefasster Beschluss -, (Sure 33:37-38)*

---

[43] "The correct Books of Bukhari", Bd. 7, Bk. 62, Nr. 88. Erzählt von Ursa

Jede von Mohammeds Frauen hatte eine Geschichte hinter sich, aber um der Kürze Willen seien hier die weiteren nur noch aufgelistet.

Hafza Bint Umar Ibn Al-Khattab. Sie war die Tochter eines der schärfsten Krieger Mohammeds.

Umm-Habib Rumleh Bint Abi Sufyan. Sie war die Tochter des Quraysh-Stammes in Mekka, der kurz vor der Eroberung der Stadt durch Mohammed zum Islam konvertierte.

Umm Salama Hend Bint Abi Ummayah

Maymuna Bint el-Harith Al Hilleliah

Sauda Bint Zema'a El Amawiya

Juwayriya Bint Al-Harith. Sie war ein jüdisches Mädchen, das als Kriegsgefangene beim Überfall auf Bini Mustaliq gefangen genommen wurde.

Safiya Bint Ho-yay. Sie war ein jüdisches Mädchen, das während des Überfalls auf Khaybar als Kriegsgefangene gefangen genommen wurde.

Ra-Hanna Bint Shumahon

Maria Bint Shumahon

Der Koran in **Sure 4 Vers 3** besagt, dass ein Muslim maximal vier Frauen heiraten dürfe. Ein anderer Vers im Koran erklärt jedoch den Propheten Mohammed zu einer Ausnahme von diesen Regeln:

O Prophet, Wir haben dir (zu heiraten) erlaubt: deine Gattinnen, denen du ihren Lohn gegeben hast, das, was deine rechte Hand (an Sklavinnen) besitzt von dem, was Allah dir als Beute zugeteilt hat, die Töchter deiner Onkel väterlicherseits und die Töchter deiner Tanten väterlicherseits, die Töchter deiner Onkel mütterlicherseits und die Töchter deiner Tanten mütterlicherseits, die mit dir ausgewandert sind; auch eine (jede) gläubige Frau, wenn sie sich dem Propheten (ohne Gegenforderung) schenkt und falls der Prophet sie heiraten will: Dies ist dir vorbehalten unter Ausschluss der (übrigen) Gläubigen – Wir wissen wohl, was Wir ihnen hinsichtlich ihrer Gattinnen und dessen, was ihre rechte Hand (an Sklavinnen) besitzt, verpflichtend gemacht haben –, damit für dich kein Grund zur Bedrängnis bestehe. Und Allah ist Allvergebend und Barmherzig. Du darfst zurückstellen, wen von ihnen du willst, und du darfst bei dir aufnehmen, wen du willst. Und wenn du doch eine von denjenigen begehrst, die du abgewiesen hast, dann ist das für dich keine Sünde. Das ist eher geeignet, dass sie frohen Mutes, nicht traurig und dass sie alle mit dem zufrieden sind, was du ihnen gibst. Allah weiss, was in euren Herzen ist. Allah ist Allwissend und Nachsichtig. **(Sure 33:50-52)**

Diese Verse geben dem Propheten Mohammed eindeutig die Erlaubnis, alle seine früheren Frauen zu behalten, aber verbieten ihm, mehr Frauen zu heiraten, mit Ausnahme derjenigen, die "seine rechte Hand besass", wie Sklavenfrauen und andere Gruppen von Frauen, die ihm zur Verfügung standen, die er als Kriegsgefangene kaufte oder erwarb.

B. Das persönliche Leben Jesu

Jesus war in vielerlei Hinsicht eine revolutionäre Figur, aber nichts war so erstaunlich wie seine Art, wie er mit Frauen in Beziehung stand. Schon von seiner Kindheit an bemühte sich Jesus, Frauen auf eine Stufe mit Männern zu stellen. In seinem Amt beauftragte er Frauen zu lehren und zu predigen, um ihren Status in einer Eigenschaft zu erhöhen, in der Frauen normalerweise nicht respektiert wurden.

Obwohl die biblischen Evangelien metaphorische Bezüge zu Christus enthalten und sagen, dass er ein Bräutigam ist, bedeuteten sie, dass er mit der Kirche verheiratet ist; es gibt keinen Hinweis auf eine echte, physische Frau. Dennoch ist bekannt, dass es in der frühen Kirche eine Debatte darüber gab, ob er hätte heiraten können, als Teil der anhaltenden Auseinandersetzungen über die Rolle der Frau in der religiösen Sekte.

Es gibt keine Aufzeichnungen im Neuen Testament oder in der christlichen Geschichte, dass Jesus jemals eine Frau gehabt hatte. Er wird als eine enge Beziehung zu Maria und Martha beschrieben. Es wird berichtet, dass er in ihrem Haus ass **(Lukas 10; Johannes 12)**. Das Buch Lukas erwähnte, dass er eine kleine Gruppe von Frauen hatte, die mit ihm und seinen Anhängern reisten und ihnen halfen.

> *Bald darauf zog Jesus durch viele Städte und Dörfer. Überall sprach er zu den Menschen und verkündete die rettende Botschaft von Gottes Reich. Dabei begleiteten ihn seine zwölf Jünger 2 und einige Frauen, die er von bösen Geistern befreit und von ihren Krankheiten geheilt hatte. Zu ihnen gehörten Maria aus Magdala, die er von sieben Dämonen befreit hatte, 3 Johanna, die Frau von Chuzas, einem Beamten von König Herodes, Susanna und viele andere. Sie waren vermögend und sorgten für Jesus und seine Jünger. (Lukas 8:1-3)*

Diese Frauen waren treue Anhängerinnen und sie blieben während seiner Kreuzigung bei Jesus. So können wir sehen, dass Frauen Jesus folgten und ihm und seinen Jüngern halfen. Wir haben keine historische Aufzeichnung, dass Jesus eine sexuelle Beziehung zu einer der Frauen hatte. Die jüdische Gesellschaft hätte ein solches Verhalten verurteilt.

> *Am Abend kam ein reicher Mann aus Arimathäa. Er hiess Josef und war ein Jünger von Jesus. Er ging zu Pilatus und bat ihn um den Leichnam von Jesus. Pilatus befahl, diese Bitte zu erfüllen. Josef nahm den Toten, wickelte ihn in ein neues Leinentuch und*

legte ihn in eine unbenutzte Grabkammer, die er für sich selbst in einen Felsen hatte hauen lassen. Dann wälzte er einen grossen Stein vor den Eingang des Grabes. Maria aus Magdala und die andere Maria blieben gegenüber vom Grab sitzen. **(Matthäus 27:57-61)**

So können wir sehen, dass Frauen Jesus folgten und ihm halfen. Auch hier sehen wir den Unterschied im persönlichen Leben Mohammeds und Jesu.

KAPITEL ACHT - WIE MOHAMMED UND JESUS HERAUSFORDERUNGEN MEISTERN

Je mehr wir das Leben dieser beiden Propheten, Mohammed und Jesus, studieren, wie in der Bibel und dem Heiligen Koran gefunden, erkennen wird Ähnlichkeiten, aber auch deutliche Unterschiede, wie diese beiden häusliche Zwischenfälle im Verlaufe ihres Lebens behandelten. Lassen Sie uns die Unterschiede zwischen Jesus und Mohammed in ihren Antworten auf zwei sehr ähnliche Vorfälle untersuchen.

A. Wie reagierte Mohammed auf eine Ehebrecherin?

Der Islam hat immer die Weiblichkeit der Frau geschätzt und ihr eine genauso integrale Rolle zugeschrieben als dem Mann, keiner ist ein Feind, Gegner oder ein Konkurrent des anderen. Vielmehr ist jeder eine Hilfe für den anderen. Es sollte ebenso darauf hingewiesen werden, dass sowohl Männer als auch Frauen für Ehebruch bestraft werden, im Gegensatz zu dem, was allgemein angenommen wird, nämlich dass nur Frauen für Ehebruch verantwortlich sind, wie wir in diesem Fall sehen.

Eine Frau kam zum Propheten Mohammed und sagte: "Ich habe Ehebruch begangen, also reinige mich." Sie wollte, dass Mohammed sie bestrafte, damit Allah ihre Sünde verzeihen und sie ins Paradies lassen würde. Mohammed sagte zu ihr: "Geh weg, bis du das Kind geboren hast."

Nach der Geburt kehrte sie mit dem Kind zurück und sagte: "Hier ist das Kind, das ich geboren habe." Mohammed antwortete: "Geh hin und stille ihn, bis du ihn entwöhnst." Als sie ihn entwöhnt hatte, kam sie mit dem Kind zu Mohammed zurück. Das Kind war wahrscheinlich etwa zwei Jahre alt, weil das die Zeit war, die der Koran zum Entwöhnen verordnete. Die Frau sagte: "Allahs Apostel, hier ist das Kind, wie ich es entwöhnt habe, und er isst."

Mohammed gab das Kind einem der Muslime und sprach dann die Strafe aus. Die Frau wurde in einem Graben bis zu ihrer Brust begraben und die Menschen steinigten sie zu Tode.[44]

B. Wie reagierte Jesus auf eine Ehebrecherin?

Da schleppten die Schriftgelehrten und Pharisäer eine Frau heran, die beim Ehebruch überrascht worden war. Sie stellten sie in die Mitte, wo sie von allen gesehen werden konnte, und sagten zu Jesus: »Lehrer, diese Frau wurde auf frischer Tat beim Ehebruch ertappt. Im Gesetz hat Mose uns befohlen, eine solche Frau zu steinigen. Was meinst du dazu?« Sie fragten dies, um Jesus auf die Probe zu stellen und ihn dann anklagen zu können. Aber Jesus bückte sich nur und schrieb mit dem Finger auf die Erde. Als sie nicht lockerliessen, richtete er sich auf und sagte: »Wer von euch noch nie gesündigt hat, soll den ersten Stein auf sie werfen!« Dann bückte er sich wieder und schrieb weiter auf die Erde. Als die Ankläger das hörten, gingen sie einer nach dem anderen davon – die älteren zuerst. Schliesslich war Jesus mit der Frau allein. Sie stand immer noch an der gleichen Stelle. Da richtete er sich erneut auf und fragte sie: »Wo sind jetzt deine Ankläger? Hat dich denn keiner verurteilt?« »Nein, Herr«, antwortete sie. »Ich verurteile dich auch nicht«, entgegnete ihr Jesus. »Du kannst gehen, aber sündige nun nicht mehr!« (Johannes 8:3-11)

C. Wie reagierte Mohammed auf einen Hilfe suchenden Blinden?

Die wichtigsten Oberhäupter aus Mekka kamen zu einer Versammlung Mohammeds und Mohammed war ernsthaft damit beschäftigt, sie davon zu überzeugen, den Islam anzunehmen.

---

[44] "Die richtigen Bücher von Bukhari", Bd. 9. Bk. 93, Nr.516. Erzählt von Anas

Während der Versammlung kam ein Blinder auf ihn zu und wollte eine Erklärung einiger Punkte, die den Islam betreffen. Mohammed mochte die Unterbrechung nicht und ignorierte ihn.[45]

Es ist zwar respektlos, jemanden während einer Rede in der islamischen Gesellschaft zu unterbrechen, aber es ist üblich, wenn die Angelegenheit dringend ist, dem Einzelnen Aufmerksamkeit zu schenken. Nach diesem Vorfall berichtete Mohammed, dass Allah ihn für seine Haltung gegenüber dem Blinden zurechtwies. (Sure 80:1-4)

Wie Sie hier sehen können, ignoriert Mohammed den Blinden, anstatt ihm zu helfen, wie er es verlangt hat. Er erhielt eine Offenbarung von Allah über seine Haltung gegenüber dem Blinden, aber der Mann blieb blind.

D. Wie reagierte Jesus auf einen Hilfe suchenden Blinden?

Jesus war in einer ähnlichen Situation, als er auf der Strasse in einer grossen Menschenmenge auf der Strasse war.

Jesus und seine Jünger waren unterwegs nach Jericho. In der Nähe der Stadt sass ein Blinder an der Strasse und bettelte. Er hörte den Lärm der vorbeiziehenden Menge und fragte nach, was da los sei. Einige riefen ihm zu: »Jesus aus Nazareth kommt vorbei!« Als er das hörte, schrie er laut: »Jesus, du Sohn Davids, hab Erbarmen mit mir!« Die Leute, die der Menschenmenge vorausliefen, fuhren ihn an, er solle still sein. Aber er schrie nur noch lauter: »Du Sohn Davids, hab Erbarmen mit mir!« Jesus blieb stehen und liess den Mann zu sich führen. Als dieser nahe herangekommen war, fragte Jesus ihn: »Was soll ich für dich tun?«

---

[45] „The correct Book of Muslims", Bk. 17, Nr. 4206, Autorenparaphrase

*»Herr«, flehte ihn der Blinde an, »ich möchte sehen können!« »Du sollst sehen können!«, sagte Jesus zu ihm. »Dein Glaube hat dich geheilt.« Im selben Augenblick konnte der Blinde sehen. Er folgte Jesus und lobte Gott. Und auch alle, die seine Heilung miterlebt hatten, lobten und dankten Gott. (**Lukas 18:35-43**)*

Wenn Sie der Geschichte aufmerksam folgen, erkennen Sie: Als der Blinde hörte, dass es Jesus war, der in der Menge seinen Weg ging, rief er und es gab diejenigen in der Menge, die versuchten, ihn zum Schweigen zu bringen. Trotzdem hat er einfach weiter geschrien. Jesus ignorierte ihn nicht, wie Mohammed es dem Blinden tat, der ihn unterbrochen hatte. Als Jesus ihn hörte, hörte er mit dem auf, was er tat, und bat den Mann, zu ihm gebracht zu werden, und heilte den Blinden.

KAPITEL NEUN - MOHAMMEDS UND JESUS' UMGANG MIT KONFLIKTEN

Sowohl Mohammed als auch Jesus sahen sich Konflikten ausgesetzt. Die beiden Männer gingen jedoch sehr unterschiedlich damit um.

A. Mohammeds Antwort in Zeiten des Konflikts

Nachdem Mohammed Mekka erobert hatte, schlossen sich einige der verbliebenen freien Völker Arabiens zusammen, um ihn zu besiegen. Mohammed marschierte mit seiner loyalen Armee von zwölftausend Mann aus. Doch der Feind machte einen überraschenden Hinterhalt gegen Mohammed und seine loyale Armee in den frühen Morgenstunden, Mohammeds loyale Armee tanzte aus der Reihe und rannte in Schrecken um ihr Leben. Mohammed rief seinen Männern zu:

> *"Wohin geht ihr Männer? Komm zu mir, ich bin Gottes Apostel. Einige blieben bei ihm, aber die meisten liefen weiter. Mohammed bat einen Mann mit einer mächtigen Stimme, der daneben stand, den Männern zuzurufen. 100 Kämpfer kehrten schliesslich zurück und standen bei Mohammed. Er besiegte seinen Feind an diesem Tag. Es ist bekannt als die Schlacht von Hunayn. "*[46]

Hier sehen wir Mohammed verlangt, dass seine treuen Anhänger ihn beschützten und für seine Sache kämpften.

---

[46] Abu Mawdudi. "Introduction to the Surahs", Sure 80.

B. Die Antwort Jesu in Zeiten des Konflikts

Noch während Jesus sprach, kam Judas, einer der zwölf Jünger, zusammen mit einer grossen Gruppe von Männern, die mit Schwertern und Knüppeln bewaffnet waren. Die obersten Priester und die führenden Männer des Volkes hatten sie geschickt.

Jesus sah ihn an: »Mein Freund! Tu, was du dir vorgenommen hast!« Sofort traten die Männer heran, packten Jesus und nahmen ihn fest. Aber einer der Jünger, die bei Jesus waren, wollte das verhindern. Er zog sein Schwert, schlug auf den Diener des Hohenpriesters ein und hieb ihm ein Ohr ab. Doch Jesus befahl ihm: »Steck dein Schwert weg! Wer Gewalt anwendet, wird durch Gewalt umkommen. Ist dir denn nicht klar, dass ich meinen Vater um ein ganzes Heer von Engeln bitten könnte? Er würde sie mir sofort schicken. Wie sollte sich aber dann erfüllen, was in der Heiligen Schrift vorausgesagt ist? Es muss alles so geschehen!« Danach wandte sich Jesus an die Männer, die ihn festgenommen hatten: »Bin ich denn ein Verbrecher, dass ihr euch mit Schwertern und Knüppeln bewaffnet habt, um mich zu verhaften? Jeden Tag habe ich öffentlich im Tempel gelehrt. Warum habt ihr mich nicht dort festgenommen? Aber auch dies geschieht, damit sich die Vorhersagen der Propheten erfüllen.« Da liessen ihn alle seine Jünger im Stich und ergriffen die Flucht. **(Matthäus 26:47, 50-56)**

Im Gegensatz zu Mohammed, der verlangte, dass seine Anhänger bleiben und kämpfen, erlaubte Jesus seinen Anhängern nicht, für ihn zu kämpfen, und er rief sie nicht zurück, als sie wegliefen.

C. Wie reagierte Mohammed, als seine Anhänger Hunger hatten?

Mohammed und seine Anhänger waren nicht in der Lage, Vorräte aus Mekka zu bekommen, also verliessen sie die Stadt, um in der Wüste zu leben. Die islamische Geschichte sagt, dass Mohammed und seine Anhänger so hungrig wurden, dass sie den Mist von Tieren und Blättern von den Bäumen assen und Vorräte heimlich von Sympathisanten und Freunden zu ihnen gebracht wurden.[47]

D. Wie reagierte Jesus, als seine Nachfolger Hunger hatten?

Danach fuhr Jesus an das andere Ufer des Sees Genezareth, den man auch See von Tiberias nennt. Eine grosse Menschenmenge folgte ihm dorthin, weil sie die Wunder gesehen hatten, mit denen er Kranke heilte. Zusammen mit seinen Jüngern ging Jesus auf einen Berg, und dort setzten sie sich. Das jüdische Passahfest stand kurz bevor. Als Jesus aufblickte, sah er die vielen Menschen, die zu ihm kamen. Darauf wandte er sich an Philippus: »Wo können wir für alle diese Leute Brot kaufen?« Er fragte dies, um zu sehen, ob Philippus ihm vertraute; denn er wusste schon, wie er die Menschen versorgen würde. Philippus überlegte: »Wir müssten über 200 Silberstücke ausgeben, wenn wir für jeden auch nur ein wenig Brot kaufen wollten.« Da sagte ein anderer von seinen Jüngern zu Jesus – es war Andreas, der Bruder von Simon Petrus: »Hier ist ein Junge, der hat fünf Gerstenbrote und zwei Fische dabei. Aber was ist das schon für so viele Menschen!« Jetzt forderte Jesus die Jünger auf: »Sagt den Leuten, dass sie sich hinsetzen sollen!« Etwa fünftausend Männer liessen sich auf dem Boden nieder, der dort von dichtem Gras bewachsen war, ausserdem noch viele Frauen und Kinder. Dann nahm Jesus die fünf Gerstenbrote, dankte Gott dafür und liess sie an die Menschen austeilen. Ebenso machte er es mit den Fischen. Jeder bekam so viel, wie er wollte. Als alle satt waren, sagte Jesus zu seinen Jüngern: »Sammelt die Reste ein, damit nichts verdirbt!« Das taten sie und füllten noch zwölf Körbe mit den Resten. So viel war von den fünf Gerstenbroten übriggeblieben. 14 Als die Leute

---

[47] Ibn Isaq, Seiten 569-570. Siehe auch Sure 9:25-26

begriffen, was für ein Wunder Jesus getan hatte, riefen sie begeistert: »Das ist wirklich der Prophet, der in die Welt kommen soll, so wie Mose es angekündigt hat!« **(Johannes 6:1-14)**

Im Gegensatz zu Mohammed, der seine Anhänger nicht ernähren konnte, war Jesus in der Lage, fünftausend Männer sowie Frauen und Kinder zu ernähren. Diese Geschichte bietet eine andere Möglichkeit, die verschiedenen Reaktionsweisen dieser beiden Propheten zu sehen.

KAPITEL ZEHN - MOHAMMEDS UND JESUS' LEHREN ÜBER DIE LIEBE

Der Zweck dieser Studie ist es, Mohammeds und Jesus' Verständnis von Beziehungen zu erklären, und vor allem ihre Lehre über die Liebe. Liebe kann nur im Kontext einer Beziehung verstanden werden, so dass wir, wenn wir die Lehre Mohammeds und Jesu über die Liebe betrachten, die Natur der Schlüsselbeziehungen in ihrem Leben entdecken werden. Diese Beziehungen drehen sich um zwei Punkte. Schauen wir uns die Beziehung an, die alle anderen leitet, die Beziehung zwischen Gott und seinem Boten.

A. Die Beziehung zwischen Mohammed und Gott

Mohammed beschrieb sich selbst als Sklave **(Sure 2:23)**. Der Koran oder der Hadith sprechen nicht davon, dass Mohammed Allah liebe oder dass Allah Mohammed liebe. Seine Position zu Allah war eine von einem Sklaven, der von seinem Herrn ermächtigt wurde.

> *Wer dem Gesandten gehorcht, der gehorcht Allah. **(Sure 4:80)***

> *Wer aber dem Gesandten entgegenwirkt, nachdem ihm die Rechtleitung klargeworden ist, und einem anderen Weg als dem der Gläubigen folgt, werden Wir dem zukehren, dem er sich zugekehrt hat, und ihn der Hölle aussetzen, und (wie) böse ist der Ausgang! **(Sure 4:115)***

Mohammed sprach nicht davon, Allah zu lieben, noch über Allahs bedingungslose Liebe. Allahs Liebe beruht hingegen auf dem Gehorsam, den Werken und Pflichten, die erfüllt werden, nicht auf ihrer Beziehung. Nach Mohammed basiert Allahs Liebe auf denen, die Ihm gehorchen.

Der Koran sagt, dass Allah bestimmte Arten von Menschen wie Unterdrücker, arrogante Menschen und Lügner nicht liebt. Um dieses Niveau der Liebe zu erreichen, muss man Gott gehorchen und seinen Lehren folgen. Der Koran sagt:

> *Sag: Wenn ihr Allah liebt, dann folgt mir. So liebt euch Allah und vergibt euch eure Sünden. Allah ist Allvergebend und Barmherzig.* **(Sure 3:31).**

> *Sag: Gehorcht Allah und dem Gesandten. Doch wenn sie sich abkehren, so liebt Allah die Ungläubigen nicht.* **(Sure 3:32)**

Der Koran legte wenig Wert darauf, Allah zu lieben, obwohl er die Liebe zu ihm erwähnt. Stattdessen ruft er zum Gehorsam gegenüber Allah auf. Mohammed glaubte also, dass er ein Sklave Allahs war, er musste diejenigen bestrafen, die das Gesetz im Koran nicht befolgten. Ich habe nirgendwo im Koran gelesen, wo es hiess, dass Gott mit Mohammed als Sohn zufrieden war.

Der Koran hingegen identifiziert Gott nie mit Liebe, noch gebietet er uns, Gott zu lieben. Viele Muslime würden behaupten, das Gerede von Gott als Liebe gefährde seine Souveränität, ihn "vermenschliche" und das Transzendente verzerre. Christen verfechten hingegen, dass Gott zwar transzendent und souverän sei, aber auch persönlich und liebevoll.

Der Koran soll das inspirierte und unfehlbare Wort Allahs sein, das Mohammed gegeben wurde. Warum stellt er dann die Wahrheit Christi als Sohn Gottes falsch dar und ist mit Gott gleich? Im Koran steht kategorisch: Allah habe keinen Sohn gezeugt.

Allah hat Sich keine Kinder genommen, und keinen Gott gibt es neben Ihm, sonst würde fürwahr jeder Gott das wegnehmen, was er erschaffen hat, und die einen von ihnen würden sich den anderen gegenüber wahrlich überheblich zeigen. Preis sei Allah, (und Erhaben ist Er) über das, was sie (Ihm) zuschreiben. **(Sure 23:91)**

Es steht Allah nicht an, Sich ein Kind zu nehmen. Preis sei Ihm! Wenn Er eine Angelegenheit bestimmt, so sagt Er dazu nur: ‚Sei!', und so ist es. **(Sure 19:35)**

Und sie sagen: „Der Allerbarmer hat Sich Kinder genommen." Ihr habt ja eine abscheuliche Sache begangen. Beinahe brechen davon die Himmel auseinander, und (beinahe) spaltet sich die Erde, und (beinahe) stürzen die Berge in Trümmern zusammen, dass sie dem Allerbarmer Kinder zuschreiben. Es ziemt dem Allerbarmer nicht, Sich Kinder zu nehmen. Niemand in den Himmeln und auf der Erde wird zum Allerbarmer anders denn als Diener kommen (können). **(Sure 19:88-93)**

Wenn Allah sich hätte Kinder nehmen wollen, hätte Er wahrlich aus dem, was Er erschaffen hat, sich auserwählt, was Er will. Preis sei Ihm! Er ist Allah, der Eine, der Allbezwinger. **(Sure 39:4)**

Und sie haben Teilhaber Allah gegeben: die Ğinn, wo Er sie doch erschaffen hat. Und sie haben Ihm Söhne und Töchter angedichtet, ohne Wissen. Preis sei Ihm! Erhaben ist Er über das, was sie (Ihm) zuschreiben. Er ist) der Schöpfer der Himmel und der Erde in ihrer schönsten Form. Wie soll Er Kinder haben, wo Er doch keine Gefährtin hat und Er (sonst) alles erschaffen hat? Und Er weiss über alles Bescheid. **(Sure 6:100-101)**

B. Die Beziehung zwischen Jesus und Gott

Christen betrachten die Beziehung zwischen Jesus und seinem Vater als Vater-Sohnbeziehung. Im Matthäus-Evangelium wird Jesus zweimal zum Sohn Gottes erklärt.

> *Noch während er redete, hüllte sie eine leuchtende Wolke ein, und aus der Wolke hörten sie eine Stimme: »Dies ist mein geliebter Sohn, über den ich mich von Herzen freue. Auf ihn sollt ihr hören.«* **(Matthäus17:5)**

> *Da fielen sie alle vor Jesus nieder und riefen: »Du bist wirklich der Sohn Gottes!«* **(Matthäus 14:33)**

Für die Muslime ist Jesus weder Gott noch der Sohn Gottes. Trotzdem wurde den Muslimen geboten, das Evangelium zu konsultieren, wenn sie Zweifeln an dem hätten, was Mohammad gelehrt hatte. Und wir sehen im Evangelium von Matthäus, dass Jesus angebetet wurde.

> *Da fielen sie alle vor Jesus nieder und riefen: »Du bist wirklich der Sohn Gottes!«* **(Matthäus 14:33)**

> *Sie waren noch nicht weit gekommen, als Jesus plötzlich vor ihnen stand. »Seid gegrüsst!«, sagte er. Da fielen sie vor ihm nieder und umklammerten seine Füsse.* **(Matthäus28:9)**

Es gibt andere Bibelverse, die von Jesus und seiner Beziehung zu Gott erzählen. Johannes erwähnte die genauen Worte Jesu.

> *Denn weil der Vater den Sohn liebt, zeigt er ihm alles, was er selbst tut.* **(Johannes 5:20)**

Wo in der Bibel steht, dass Jesus jemals eine Offenbarung von Gott empfangen hat, wie Mohammed es tat? Jesus sagte: "Ich tue, was mein Vater tut." Jesus wusste in sich selbst, was im Sinn seines Vaters war, also tat er es. Ist das nicht gleich mit Gott?

> *Auf diese Anschuldigungen der führenden Juden entgegnete Jesus: »Ich sage euch die Wahrheit: Von sich aus kann der Sohn gar nichts tun, sondern er tut nur das, was er den Vater tun sieht. Was immer aber der Vater tut, das tut auch der Sohn!* **(Johannes 5:19)**

Der Name, den Jesus für sich selbst benutzte, Sohn Gottes, weist darauf hin, dass er die Gleichheit mit Gott beanspruchte. Jesus ist nicht Sohn Gottes im Sinne eines menschlichen Vaters und Sohnes. Gott hat nicht geheiratet und einen Sohn bekommen. Jesus ist Gottes Sohn und er ist Gott, der durch eine jungfräuliche Geburt im menschlichen Fleisch gemacht und manifestiert wurde, und als der Sohn Gottes war ewig präexistent.

> *Das Wort wurde Mensch und lebte unter uns. Wir selbst haben seine göttliche Herrlichkeit gesehen, eine Herrlichkeit, wie sie Gott nur seinem einzigen Sohn gibt. In ihm sind Gottes Gnade und Wahrheit zu uns gekommen.* **(Johannes 1:14)**

Jesus hatte eine persönliche liebevolle Beziehung zu Gott, als er sagte: *"Ich und mein Vater sind eins."* **(Johannes 10:30)**. Als Antwort auf die christliche Lehre, dass Jesus der Sohn Gottes ist, verkündete Mohammed, dass Allah keinen Sohn haben könne, weil er keine Frau habe. Er verstand die christliche Botschaft nicht, dass der Begriff "Sohn Gottes" nicht bedeute, dass Gott eine Frau habe, sondern dass Jesus Gott gleich sei.

Wir haben jetzt gezeigt, dass die Beziehung Christi zu Gott während seines irdischen Lebens nicht grundlegend anders war als das, was es jetzt ist. Christus bezog sich auf Gott als seinen Vater und seinen Gott und betete zu ihm; die gleiche Position hält er nun inne, nach der Auferstehung und dem Aufstieg Christi. Während seines Lebens auf Erden war Christus Gottes Diener **(Apg 3,13,26; Jesaja. 42:1; 53:11)**. Ein Diener tut den Willen seines Herrn und ist seinem Herrn in keiner Weise gleich **(Johannes 13:16)**. Er nahm das Leben eines Dieners an, um den Zweck seiner Mission auf Erden, Gott in menschlicher Gestalt, zu erfüllen.

> *Nein, es ist der Gott Abrahams, Isaaks und Jakobs, der Gott unserer Vorfahren, der uns mit dieser Wundertat die Macht und Ehre seines Dieners Jesus gezeigt hat. Diesen Jesus habt ihr an Pilatus ausgeliefert und verleugnet, obwohl Pilatus entschlossen war, ihn freizulassen.* **(Apg 3:13)**

> *Gott hat Jesus, seinen Diener, zuerst zu euch geschickt, nachdem er ihn in diese Welt gesandt hatte, und ihn beauftragt, euch zu segnen. Er wird euch helfen, umzukehren und euer Leben zu ändern.* **(Apg 3:26)**

Ein Sohn Gottes ist ein Titel, der eine Beziehung zu Gott bedeutet, ein Titel, der Jesus von Gott gegeben **(Hebräer 1:5)** und jenen Christen gegeben wurde, die berufen oder "wiedergeboren" wurden, es bedeutet nicht die Existenz eines kleinen Gottes oder "mehrerer" Götter. Die Bibel enthält viele Verse, die ausdrücklich sagen, dass es nur einen Gott gibt und dass es keinen anderen gibt. **(5 Mose 4:35, 4:39, 6:4; Jesaja 45:5-6, 18, 22; Epheser 4:6)**

> *Zu welchem Engel hat Gott wohl jemals gesagt: »Du bist mein Sohn, heute bin ich dein Vater geworden«? Und zu keinem Engel hat Gott je gesagt: »Ich werde sein Vater sein, und er wird mein Sohn sein.«* **(Hebräer 1:5)**

KAPITEL ELF - DAS ENDGÜLTIGE URTEIL

Wir haben Jesus und Mohammed verglichen. Urteilen Sie: wer ist der grösste Prophet? Der Heilige Koran und die Bibel: Welches Buch befinden Sie als zuverlässig und sachlich?

Im Islam ist es Ihnen verboten, Propheten zu vergleichen, um zu sehen, wer überlegen ist, weil Muslimen befohlen wird, dem Propheten Mohammed zu folgen. Jesus befahl seinen Nachfolgern, anderen von ihm zu erzählen, und er versprach, ihnen die Kraft zu geben, dies zu tun. Den Christen wird nicht geboten, andere zu verfolgen, um die Gute Botschaft von Jesus zu verbreiten, denn die Menschen sollten sich bereitwillig und aus freier Wahl für ihn entscheiden.

Zwei Strategien scheinen im aggressiven Islam im Spiel zu sein. Die erste ist Einschüchterung und Terror. Deshalb sehen wir gewalttätige Proteste und Explosionen durch radikale Muslime. Die zweite ist theologisch und textlich, indem man versucht, Unterscheidungen zu verwischen: "Na und; Jesus und Mohammed sind die gleichen, also, was ist das Problem?" Doch wie wir gezeigt haben, widerspricht der Koran der Bibel, die Bibel hat weder sich selbst noch archäologischen und historischen Beweisen widersprochen. Wir haben gezeigt, dass die beiden Texte sehr unterschiedlich sind.

Klarheit und Wahrheit sind besser als Wunschdenken. Wir mögen uns wünschen, dass alle Religionen gleich sind, aber sie sind es nicht. Einige Synkretisten mögen ihre eigene Religion verwässern, aber das ist bestenfalls trügerisch und im schlimmsten Fall gefährlich.

Der Islam war ein Segen für die Welt. Die Probleme sind, dass der Islam immer dann, wenn er Fuss fasst und in einer Region oder einem Land vorherrscht, seine harten Gesetze durchsetzt. Die Geschichte hat gezeigt, dass dies eine Katastrophe für alle freiheitsliebenden Völker überall bedeutet. Der Koran und das islamische Gesetz sind hart und restriktiv. Sie erzwingen allen die Heiligkeit und Rechtschaffenheit von aussen und bestrafen jeden, der sich weigert, sich daran zu halten, hart.

Die Nachfolger Jesu waren ein Segen für die Welt, vor allem in den letzten dreihundert Jahren, und vor allem in Europa, Amerika und Teilen Asiens, wobei grosse Teile der weltweiten Kirche allmählich zu ihren neutestamentlichen Wurzeln zurückkehrten. Heute bieten die Nachfolger Jesu echte Freiheit und wahren Frieden. In einem Umfeld, das von religiöser Toleranz geprägt ist, können Menschen ohne Belästigung wachsen und leben. Sie können in Freiheit in ihrer Karriere arbeiten und wohlhabend werden. Sie können neue Ideen entwickeln, die zu einer neuen Technologie führen, die der Menschheit zugute kommen.

In den meisten islamischen Ländern werden Meinungsfreiheit und Dissens unterdrückt. Selten kann jemand offen die Regierung kritisieren und die Todesstrafe droht jedem, der Mohammed, den Koran oder einfach den Islam selbst kritisiert.

Muslimische Polemiker und Propagandisten sagen uns, der Koran sei Gottes letzte Offenbarung an die Menschheit, der Islam verbessere das Christentum und ihr heiliges Buch, der Koran, korrigiere die Bibel. Diese Propagandisten glauben jedoch, dass wir erkennen können, dass die Dekrete und Praktiken des islamischen Scharia-Gesetzes im Widerspruch zu jeder Gesellschaft stehen, die an den biblischen christlichen Werten festhält.

A. Diskriminierung und Kontrolle

Ehemänner werden im Status über ihre Ehefrauen gestellt. **(Sure 2:228)**. Zuverlässige Hadithen sagen, dass die Mehrheit der Bewohner der Hölle Frauen seien, nur weil sie "harsch und undankbar" seien, nicht weil zahlenmässig auf der ganzen Welt in der Mehrheit sind. (Diskriminierung)

Wenn der Prophet Mohammed als Orakel von Gott spricht und der Koran das inspirierte Wort Gottes ist, dann liegt es nahe, dass Gott ungerecht ist. Wir alle wissen, dass Gott gerecht ist, warum also sollte ein Geschlecht eine höhere Wahrscheinlichkeit haben, in der Hölle zu landen?

Islamische Gelehrte haben versucht, diese offensichtliche Diskriminierung zu entschuldigen, indem sie versuchten zu interpretieren, was der Prophet meinte: Sie sagen, es sei wahrscheinlich ein Versprecher des Propheten gewesen, oder sie fragten, warum Mohammed nicht über die Offenbarung befragt worden sei, die er von Gott empfangen hatte, bevor er sie in den Koran niederschrieben. Oder sie denken, Mohammed hätte den Engel Gabriel bitten sollen zu erklären, was er mit "die Mehrheit der Bewohner der Hölle sind Frauen" gemeint habe.

> *Einem männlichen Geschlechts kommt ebenso viel zu wie der Anteil von zwei weiblichen Geschlechts.* ***(Sure 4:11).*** *(Diskriminierung)*

> *Und diejenigen, deren Widersetzlichkeit ihr befürchtet, – ermahnt sie, meidet sie im Ehebett und schlagt sie.* ***(Sure 4:34).*** *(physischer Missbrauch)*

Die Sklaverei wird unterstützt: Mohammed selbst handelte mit Sklaven und Sklaven. (Menschenrechtsmissbrauch) und muslimische Männer können Sex mit Sklavenmädchen haben **(Sure 47:4; 4:24; 23:5-6; 70-29-30).** (Kontrolle)

Der Koran unterstützt das Massaker an den jüdischen Männern und Jungen von Banu Qurayza, weil sie sich weigerten, sich an den Vertrag zuhalten. Muslime rechtfertigen in der Regel das Massaker von Banu Qurayza. Sie implizieren, dass der Stamm ihren Vertrag brach und sich den Einwohnern von Mekka gegen Muslime anschlossen. Sie argumentieren, die Juden von Banu Qurayza hätten die totale Vernichtung und die Versklavung der Frauen und Kinder verdient, da der Bruch eines Vertrages und der Kampf um den Mekka ein tückischer Akt gewesen seien. **(Sure 33:25-27).** (Völkermord)

Der Koran sagte: "Fluch über diejenigen, die sagen, Gott hat einen Sohn." **(Sure 9:30)** (Ablehnung des christlichen trinitarischen Glaubens und Genehmigung der Verfolgung von Christen)
Auf dieser Liste religiöser Legalismen geht es um physische Handlungen, praktische und soziale Politik hier auf der Erde, nicht um Rechtschaffenheit. Diese politischen Einstellungen und Gesetzesdekrete können mit unseren eigenen Augen und vernünftigen Vernunft gemessen und bewertet werden; was ist das Resultat? Sie rechtfertigen, strenge Scharia-Gesetze sind zu befolgen.

Darüber hinaus kann fairerweise gefragt werden: Haben Jesus und seine Nachfolger und die Verfasser des Neuen Testaments Ähnliches gesagt oder getan? Nicht einmal annäherungsweise. Wenn also der Koran die letzte Offenbarung Gottes an den Propheten Mohammed und an die Menschheit ist, dann muss sich Gott verändert haben. Die Bibel sagte: „Gott ist und bleibt derselbe, gestern, heute und für immer." **(Hebräer 13:8).** Ist also der Gott des Islam und der Gott des Christentums derselbe? Der

Koran soll das unfehlbare, vollkommene Wort Allahs sein, das durch Mohammed, dem Propheten des Islam, offenbart wurde. Daher kann der Koran keine Fehler beinhalten. Aber er tut es. Er widerspricht sich selbst. Bedeutet dies, dass der Koran schuldig ist, nicht wirklich von Gott zu sein? Daher ist es von entscheidender Bedeutung, dass wir die Bücher und das Leben dieser beiden Männer, Jesus und Mohammed, untersuchen, die einen solchen internationalen Einfluss auf Generationen von Menschen auf der ganzen Welt hatten und haben. Die Wahrheit soll nicht aufgezwungen oder kontrolliert, sondern untersucht werden, und das Recht des Einzelnen auf Wahl ist zu respektieren.

Die Frage ist: Was ist wichtiger? Die Verteidigung der Religion oder die Rechte des einzelnen Menschen? Sollten wir nicht das Recht haben zu wählen, welcher Religion wir angehören wollen? Dieses Recht muss die Freiheit einschliessen, seine Religion oder Weltanschauung zu ändern.
Wenn eine Religion eine Person aus freien Stücken exkommuniziert, repräsentiert diese Religion wirklich Gott, der jedem Menschen das Recht gegeben hat, frei zu wählen? Dies ist ein umstrittener Punkt in vielen islamischen Ländern, wo die Bekehrung vom Islam zu einer anderen Religion illegal ist und häufig mit dem Tode bestraft wird. Ist das gerecht?

Gott gab uns eine Wahl, als er sagte:

> *Wenn es euch aber nicht gefällt, dem HERRN zu dienen, dann entscheidet euch heute, wem ihr gehören wollt: den Göttern, die eure Vorfahren jenseits des Euphrat verehrt haben, oder den Göttern der Amoriter, in deren Land ihr lebt. Ich aber und meine Familie, wir wollen dem HERRN dienen.«* **(Josua 24:15)**

B. Die Beweise sind gegeben; das Schlussplädoyer

Die einfache Wahrheit des Christentums

Das Christentum erhält eine Spitzenstellung, wenn man andere Theorien, Philosophien, Bewegungen und Religionen der Welt untersucht. Respektieren Sie, ja, tolerieren Sie, das Menschenrecht zu wählen, was wir glauben wollen, aber so unbeliebt es ist, es in unserer pluralistischen Welt auszusprechen, das Christentum unterscheidet sich von anderen Religionen. Das mag dogmatisch und engstirnig klingen. Aber die Wahrheit des Christentums, nicht nur im religiösen Sinne, sondern in einer persönlichen Beziehung zu Gott findet sich in der Person Jesu Christi.

Warum glauben, es sei der einzig wahre Weg

Das Christentum basiert nicht auf Hörensagen, sondern wird durch historische Beweise gestützt. Während jeder behaupten kann, ein Prophet Gottes zu sein, unterstützt das Leben Jesu diese Behauptungen. Suchen Sie historische, archäologische Beweise, lesen Sie die Bibel, erkennen Sie, wie biblische Voraussagen sich in Jesus bewahrheiten, es ist ein phänomenales Studium.

Der Hauptfokus des Studiums des Christentums muss sein, dass Jesus über 300 messianische Prophezeiungen erfüllt hat, die in den alttestamentlichen Schriften geschrieben sind. Wie viele Prophezeiungen erfüllte Mohammed? Mit der Entdeckung der Schriftrollen vom Toten Meer und der Zuverlässigkeit der Septuagint-Version des Alten Testaments, die beide nachweislich existierten, bevor Jesus auf der Erde wandelte, können Sie sicher sein, dass diese Prophezeiungen nach den Ereignissen, die sie vorhersehen, nicht "zusammengeschmiedet" wurden. Sie wurden wirklich vom Messias Jesus Christus erfüllt. Untersuchen Sie die Wahrscheinlichkeit, dass ein Mann nur eine Handvoll der spezifischsten Prophezeiungen erfüllt, und Sie werden erstaunt sein.

> *Dann sagte er (Jesus) zu ihnen: »Erinnert euch an das, was ich euch angekündigt habe, als ich noch mit euch zusammen war: ›Alles muss sich **erfüllen**, was bei Mose, bei den **Propheten** und in den **Psalmen über mich steht.**‹« (Lukas 24:44)*

Ein weiterer Schwerpunkt muss sein, zu verstehen, was Jesus als historische Figur gesagt und getan hat. Kein legitimer Gelehrter wird heute leugnen, dass Jesus vor etwa 2000 Jahren lebte, der grösste Lehrer war und viele gute Werke verrichtete, und dass er am römischen Kreuz wegen des Verbrechens der Blasphemie unter den Juden gekreuzigt wurde. Die Hauptstreitfelder unter den Gelehrten sind, ob Jesus drei Tage nach seiner Kreuzigung von den Toten auferstanden ist und ob er tatsächlich der fleischgewordene Gott war. Hier muss jeder die Beweise für die Auferstehung testen, sein Herz untersuchen und entscheiden, ob die Beweise darüber, wer Jesus angeblich war, Fake News oder Fakten sind.

Jesus sagte, er allein sei der Weg zum Vater **(Johannes 14,6)**, er allein habe den Vater offenbart **(Matthäus 11:27; Lukas 10:22)**. Christen sagen nicht, Jesus sei der einzige Weg, weil sie arrogant und voller Vorurteile sind. Sie tun dies, weil es auf den Beweisen dessen basiert, was Jesus gesagt und getan hat. Christen glauben an Jesus, der behauptete, Gott zu sein **(Johannes 8:58; Exodus 3:14)**, der Sünden vergab **(Markus 2:5; Lukas 5:20; 7:48)** und der von den Toten auferstanden ist **(Lukas 24:24-29; Johannes 2:19)**. Als Jesus sagte, dass er der einzige Weg zum Vater sei, sagte er entweder die Wahrheit oder er war verrückt oder er war ein Lügner. Aber da sich alle einig sind, dass Jesus ein "guter Mann war, der zu Lebzeiten nie etwas ealsch gemacht hat", wie könnte er dann sowohl gut als auch verrückt oder gut und ein Lügner sein? Er muss die Wahrheit gesagt haben, als er sagte, er sei der einzige Weg zum Vater. Wenn er nicht der ist, der er bzw. von dem die Christen behaupten, er sei, sind dann sie nicht zum Untergang verurteilt, wenn sie an ihn glauben?

C. Fällen Sie Ihr Urteil!

Es ist wichtig, dass wir das Leben verstehen, in dem Mohammed und Jesus gelebt haben, und die Implikationen ihrer Lehren und die Beispiele ihres Lebens für unsere Zeit erkennen. Jeder, der diese Aussagen liest, sollte das Leben beider Männer untersuchen und die Auswirkungen abwägen, wenn sie ihren Beispielen folgen. Die Frage ist, wohin folgt der Weg Mohammeds? Wohin führt die Nachfolge Jesu Christi?

Jesus behauptete, Gottes ewiger Sohn zu sein, ein Anspruch, der sich einzigartig in der Geschichte und Erfahrung der Menschheit bestätigt hat - durch seine wundersame Geburt, sein sündenloses Leben, seinen Tod und seine Auferstehung von den Toten. Selbst der Koran bestätigt die wundersame Geburt, das sündenfreie Leben und die Wunder Jesu. Sogar der Koran lehrt, dass er nicht gestorben sei, sondern in den Himmel auferweckt wurde. Selbst im Koran vollbringt Jesus grössere Werke als Mohammed. Ich ermutige alle Muslime, das Leben Jesu zu studieren, da Mohammed die Muslime ermutigte, die Bibel zu studieren. **(Sure 2:136; 5:68; 10:94; 35:31)** Der Beweis zeigt, dass, wer das Leben dieser beiden Propheten studiert, erkennen wird, dass einer mehr war als ein Prophet; er war der Sohn Gottes, der Quelle und Geber des ewigen Lebens.

D. Das Schlussargument

Gibt es klare Beweise dafür, dass Mohammed alle Muslime ermutigt hat, das Buch zu studieren, das vorher war oder ist es Hörensagen? Wenn Hörensagen nicht zulässig ist, dann müssen die Fakten vorgelegt werden, damit die Wahrheit nicht ignoriert werden kann.

Wenn du über das, was Wir zu dir (als Offenbarung) hinabgesandt haben, im Zweifel bist, dann frag diejenigen, die vor dir die Schrift lesen. Dir ist ja die Wahrheit von deinem Herrn zugekommen, so gehöre nun nicht zu den Zweiflern. **(Sure 10:94)**

Sagt: Wir glauben an Allah und an das, was zu uns (als Offenbarung) herabgesandt worden ist, und an das, was zu Ibrāhīm, Ismāʿīl, Isḥāq, Yaʿqūb und den Stämmen herabgesandt wurde, und (an das,) was Mūsā und ʿĪsā gegeben wurde, und (an das,) was den Propheten von ihrem Herrn gegeben wurde. Wir machen keinen Unterschied bei jemandem von ihnen, und wir sind Ihm ergeben. **(Sure 2:136)**

Gewiß, Wir haben dir (Offenbarung) eingegeben, wie Wir Nūḥ und den Propheten nach ihm (Offenbarung) eingegeben haben. Und Wir haben Ibrāhīm, Ismāʿīl, Isḥāq, Yaʿqūb, den Stämmen, ʿĪsā, Ayyūb, Yūnus, Hārūn und Sulaimān (Offenbarung) eingegeben, und Dāwūd haben Wir ein Buch der Weisheit gegeben. **(Sure 4:163)**

Sag: O Leute der Schrift, ihr fußt auf nichts, bis ihr die Thora und das Evangelium und das befolgt, was zu euch (als Offenbarung) von eurem Herrn herabgesandt worden ist. Was zu dir (als Offenbarung) von deinem Herrn herabgesandt worden ist, wird ganz gewiß bei vielen von ihnen die Auflehnung und den Unglauben noch mehren. So sei nicht betrübt über das ungläubige Volk! **(Sure 5:68)**

Und was Wir dir vom Buch (als Offenbarung) eingegeben haben, ist die Wahrheit, das zu bestätigen, was vor ihm war. Allah hat wahrlich Kenntnis von Seinen Dienern und sieht sie wohl. **(Sure 35:31)**

Der Beweis für Jesus als den grössten Propheten ist nicht eine Frage des Glaubens an eine historische Person, sondern etwas Zusätzliches ist erforderlich. Um den christlichen Glauben anzunehmen, muss es einen klaren Wunsch geben, sein Leben zu ändern und sich einer neuen und ewig rechten Richtung zuzuwenden. Deshalb führen die Beweise in den Evangelien nach wie zu einer tiefen persönlichen Beziehung zwischen Gott und den Gläubien. Der christliche Glaube ist erstaunlich einfach. Jesus sagte: " Ich versichere euch: Wer sich Gottes Reich nicht wie ein Kind schenken lässt, der wird ganz sicher nicht hineinkommen." **(Lukas 18:17)**. Das gesamte weltliche Wissen ist nicht die Grundlage des christlichen Glaubens. Man muss die Botschaft des Evangeliums mit der Unschuld eines Kindes annehmen, das die Wahrheit kennt, wenn es sie sieht und intuitiv vertraut:

Denn was diese Welt für weise hält, ist in den Augen Gottes blanker Unsinn. So steht es schon in der Heiligen Schrift: »Er fängt die Klugen mit ihrer eigenen Klugheit. **(1. Korinther 3:19)**

Ist der christliche Glaube eine Religion? Zeigt die Beweislage, dass es sich nicht um eine Religion handelt? Ist es eine Lebensweise, die dem Weg einer persönlichen Beziehung zu Gott durch Jesus Christus folgt? Die Beweise zeigen, es ist keine Philosophie, es ist eine Lehre, die auf einer Beziehung mit einer lebenden Person, Gott selbst, basiert.

Die Frage ist: Wo finden Sie die Beweise, finden Sie sie in einer Philosophie oder Religion oder in einer Beziehung? Damit die

Beweise richtig definiert werden können, müsste es sich um eine sachliche und logisch korrekte Aussage handelt. Mit anderen Worten, es müsste ein dokumentierter Beweis sein. Aber vielleicht könnten wir die Beweise weiter betrachten, indem wir feststellen, was es nicht ist. Beweise sind in sich selbst nicht widersprüchlich, sie sind keine Täuschung. Natürlich könnte es wahr sein, dass jemand trügerisch ist, aber die Täuschung selbst ist nicht in der Wahrheit. Ich sage, Beweise werden in einer Person gefunden, und was ist es? Es ist das Leben, das in dieser Person Jesus Christus beispielhaft ist.

Passt auf, dass ihr nicht auf Weltanschauungen und Hirngespinste hereinfallt. All das haben sich Menschen ausgedacht; aber hinter ihren Gedanken stehen dunkle Mächte und nicht Christus. **(Kolosser. 2:8)**

Denn viele werden unter meinem Namen auftreten und von sich behaupten: ›Ich bin der Christus, der von Gott erwählte Retter!‹ Und so werden sie viele in die Irre führen. **(Matthäus 24:5)**

Nehmt euch in Acht vor denen, die in Gottes Namen auftreten und falsche Lehren verbreiten! Sie kommen zu euch, getarnt als Schafe, aber in Wirklichkeit sind sie reißende Wölfe. Wie man einen Baum an seiner Frucht erkennt, so erkennt ihr sie an dem, was sie tun. Kann man etwa Weintrauben von Dornbüschen oder Feigen von Disteln pflücken? Natürlich nicht! **(Matthäus 7:15-16)**

Glaubt nicht jedem, der behauptet, dass Gottes Geist durch ihn redet. Prüft vielmehr genau, ob das, was er sagt, wirklich von Gottes Geist stammt. Denn in dieser Welt verbreiten viele falsche Propheten ihre Irrlehren. **(1. Johannes 4:1)**

Doch der HERR sprach zu mir: »Was diese Propheten in meinem Namen verkünden, ist nichts als Lüge! Ich habe sie weder beauftragt noch gesandt, kein Wort habe ich mit ihnen geredet! Erlogene Visionen geben sie euch weiter, trügerische Wahrsagerei und ihre eigenen Hirngespinste. **(Jeremia 14:14)**

Überall begegnen wir Menschen, die in der ganzen Welt ihre Irrlehren verbreiten. Sie behaupten, dass Jesus Christus nicht als Mensch aus Fleisch und Blut zu uns gekommen ist. Solche Leute sind Werkzeuge des größten Verführers und schlimmsten Feindes von Christus, des Antichristen. (2. Johannes 1:7)

Die Beweise sind gegeben. Der Fall ist abgeschlossen. Fällen Sie Ihr Urteil!

WEITERFÜHRENDE LEKTÜRE

David W. Shenk, Christian. *Muslim. Friend. Twelve Paths to Real Relationship* (Herald Press, 2014).

Daniel W. Brown. *A New Introduction to Islam. 2nd edition.* (Wiley-Blackwell, 2009).

Gordon Nickel. *The Gentle Answer to the Muslim Accusation of Biblical Falsification.* (Burton Gate, 2015)

Hadith, ed. Sahih Bukhari, vol. 1, bk. 1, no. 3. This translation can be found online at the Univ. of Southern California's Centre for Muslim-Jewish Engagement at http://tinyurl.com/p2ujny.

Ibn Ishaq, *The Life of Mohammed*, trans. A. Guillaume (Karachi, Pakistan: Oxford University Press, 1955), 106.

GABRIEL, Mark PhD. *Jesus and Mohammed, Profound Differences and Similarity.* 2004

John Esposito, *Islam: The Straight Path.* Oxford Press, New York, 1988, 13-14.

Kenneth Cragg. *Jesus and the Muslim: An Exploration.* One world, 1999 [1985].

Matt Slick. *Christian Apologetics and Research Ministry*, 1995.

Timothy George. *Is the Father of Jesus the God of Mohammed?* Zondervan, 2002.

Volume 5 Book 58 Hadith 236

Ayoub, Mahmoud. *The Koran and Its Interpreters.* 2 vols. To date. State University of New York Press, New York, 1984.

Izutsu, T. *God and Man and the Koran.* Keio Institute of Cultural and Linguistic Studies, Tokyo, 1964.

Dr Michael J. Kruger is president and Samuel C. Patterson Professor of New Testament and Early Christianity at Reformed Theological Seminary in Charlotte, N.C. He is author of several books, including Canon Revisited.

BIBLIOGRAPHIE

ABDUL-HAQQ, Abdiyah Akbar. *Sharing Your faith with a Muslim*, Bethany fellowship Inc. Minneapolis Minnesota, 1980

ALI, Abdullah Yusuf. *The Meaning of the Glorious Koran*. Dar Al-Kitab Al-Masri, 33 Kasr El-Nil St. Cairo, Egypt, 1934.

ALI, Maulawi Sher. *The Holy Koran*. The Oriental and Religion Publishing Corporation Ltd, Rab- wah, Pakistan. 19

DEEDAT, Ahmed. *Al-Quran. The ultimate Miracle*. Islam Propagation Centre International, Duban.

JOHN, Foxe. *Foxe's Christian Martyrs of the World*. Barbour and Company, Inc. 1985.

GABRIEL, Mark PhD. *Jesus and Mohammed. Profound Differences and Surprising Similarities*. Charisma House Book Group. 2004

GILCHRIST, John. *The Textual History of the Koran and the Bible*. Light of Life, Villach, Austria, 1988.

HAMILTON, Don. *The Islam of Abraham*, Multimedia Production Centre. Uni of the West Indies, Trinidad, 1994

A.B Al-Mehri. *The Quran*. English Translation, 8th edition, 2017

IBN Ishaq. *The Life of Mohammed*. Translation of Ibn ishaq's Sirat Rasul Allah. Oxford University Press, 2003.

IBN Hisham. *The Life of Mohammed*. 3rd edition, Beirut, Lebanon: Dar-al-jil, 1998.

IBN Karthir. *The Beginning and the End*. Beirut, Lebanon. Tradition Publishing House, 2001.

IRVIN K. David. *What Christians Need to Know About Muslims*. Centre For Ministry to Muslims. Portland Avenue Minneapolis. 1986

ISLAM International. *Selected Sayings of the Holy Prophet*. Islam International Publications Limited, 1988.

ISLAMIC Missionary Guild. *Guidelines for Propagators of Islam*. The Islamic Missionary Guild of the Trinidad West Indies.

JEFFREY, Grant R. *Jesus: The Great Debate*. Word Publishing Nashville, Tennessee USA 1999.

Life Application Bible. Arabic version. Tyndale House Publishers, Netherlands, 1999.

JADEED, Iskandar. *The Gospel of Barnabas. A False Testimony*. The Good Way, Rikon, Schweiz

MAHDL, As Sayyid. *Saint Paul Disciple or Deceiver*. Word Press 1988

MC DOWELL, Josh & GILCHRIST, John. *The Islamic Debate*. Campus Crusade Christ Inc. Here's Life Publishers, Inc San Bernadino, CA 1983.

PFANDER, C. G. *The Mizan-ul-Haqq, Balance of Truth.* Light of Life, Villach, Austria, 1986

PICKTHAL, Mohammed. *The Meaning of the Glorious Koran.* Marmaduke Accurate Printer, Lahore. 1997 USA.

RAGG, Lonsdale and Laura. *The Gospel of Barnabas.* Islamic Book Service 2005 USA.

SANDIDGE, Jerry. *Challenge to Encounter.* International Correspondence Institute, Brussels, Belgium, 1978.

SAHIH, Al-Bukhari. *The Correct Book of Bukhari by Dr Mohammed Muhasin Khan.* University of Southern California website 2003.

SAHIH, *Muslim.* Riyadh, Saudi Arabia: Peace Publishing House, Cairo 1999.

SHALABY, Dr A. *Encyclopedia of Islamic History.* Cairo Egypt, 1973

SAHIH, *Al-Bukhari.* The House of Revival of the Tradition of the Prophethood. A.H 1398, 1978.

SELL, Canon. *The Historical Development of the Koran.* People International, London, UK, 1990.

The Holy Bible. New International Version. Grand Rapids Michigan, 1984 USA

The Koran. With Surah Introduction and Appendices (English) UK 2017

T "N" T Mirror. October 12, 1990

TRINIDAD Guardian. June 7, 1993, January 8, 1994

WILLIAM, Collins, Sons. *The Holy Bible*. London, The British And Company Limited and Foreign Bible Society, UK, 1986

WIKIPEDIA Website. *History of Islam: Article of Islamic History, 2004.*

Deutsche Übersetzung

Der Bibel: *Hoffnung für alle*: https://www.bibleserver.com

Des Koran: http://islam.de/13822